パンジー

ひまわり

◆もくじ◆

- 花ごよみ十二ヶ月 …………………… 2

●春らんまん
- 花のたとう・おひなさまと桃 ………… 3
- 山桜・しだれ桜（ミニ色紙）………… 4
- 桜とお姫さま ………………………… 5
- チューリップの花束・赤いチューリップ（ミニ色紙）… 6
- マーガレットの花束 ………………… 7
- パンジーのグラス・オレンジの輝き ………… 8
- ティーカップの花・パンジー（ミニ色紙）…… 9

●さわやかな初夏
- かきつばた・菖蒲（ミニ色紙）………… 10
- かぶと ………………………………… 11
- あじさいの花・あじさい（ミニ色紙）……… 12
- がくあじさい ………………………… 13

●涼を呼ぶ・夏
- 夕顔とホタル ………………………… 14
- クレマチス …………………………… 15
- 金魚のモビール ……………………… 16
- 金魚 …………………………………… 17
- ひまわり ……………………………… 18
- すいれん・ひまわり（ペーパーウェイト）… 19

●色づく秋
- ぶどう ………………………………… 20
- バッタ・バッタ（ブローチ）・赤とんぼ …… 21
- 月うさぎ ……………………………… 22
- お月見 ………………………………… 23
- かぐや姫 ……………………………… 24
- 菊姫 …………………………………… 25

●清らかな心・冬
- シクラメン …………………………… 26
- 蘭の花・カトレア（ミニ色紙）………… 27
- シスターと聖歌隊 …………………… 28
- クリスマスツリー …………………… 29
- クリスマスリース（ミニ色紙）・ツリー（ミニ色紙）… 29
- 獅子舞 ………………………………… 30
- 晴れ着・獅子舞飾り・羽子板に梅（ミニ色紙）… 31
- 梅にうぐいす ………………………… 32

●季節のつるし飾り
- 桃と立ち雛 …………………………… 33
- 五月飾り・菖蒲のモビール ………… 34
- 七夕飾り ……………………………… 35
- 仲秋の名月 …………………………… 36
- ハロウィン …………………………… 37
- 松竹梅 ………………………………… 38
- 帽子とトンボ ………………………… 39

歳時記十二ヶ月 …………………… 40

- 折り方図の記号をおぼえましょう …… 41
- 掲載作品の作り方 …………………… 42

マーガレット

花ごよみ十二ケ月

左上から一月：福寿草（ふくじゅそう）……作り方＝117ページ　　二月：紅梅（こうばい）……作り方＝118ページ　　三月：パンジー……作り方＝118ページ
四月：チューリップ……作り方＝119ページ　　五月：菖蒲（しょうぶ）……作り方＝119ページ　　六月：あじさい……作り方＝119ページ
七月：あさがお……作り方＝118ページ　　八月：ひまわり……作り方＝120ページ　　九月：すすき……作り方＝121ページ
十月：桔梗（ききょう）……作り方＝121ページ　　十一月：菊……作り方＝121ページ　　十二月：シクラメン……作り方＝121ページ

ひとつ、ふたつと
花開く春
たとうを開くと
かわいい花がごあいさつ

1 花のたとう

八角形と六角形のたとう（包み）です。
友禅染めに色無地を重ねて、たたんだ
線が花びらを描きます。
中に花を飾って楽しみましょう。
●材料、作り方＝134〜135ページ

春らんまん

木々が芽吹き、野に花が咲き乱れる春、柔らかな空気が心地良く、なんだか嬉しい季節です。美しい和紙の折り紙を飾って、お部屋の中も明るくしましょう。

2 おひなさまと桃

裏打ちを施した真っ赤なもみ紙でタペストリーを作りました。桃の花の下に並んだおひなさまはお揃いのきものがステキです。
●材料、作り方＝136〜139ページ

春風にのって漂う桃の香りにほほを染めて
仲良く並んだお内裏さまとお雛さま

花は桜、おだやかな春の日ざしをうけて はらはら、はらはらと舞い散ります

3 山桜

古くて立派な枝振りに満開の桜です。五角形を作ってから折る、花の基本的な折り方です。手染め和紙の柔らかい色調を楽しみましょう。

● 材料、作り方＝44〜45ページ

4 しだれ桜（ミニ色紙）

きゃしゃな枝先に花開く桜。春風に揺れているような、かわいらしさが魅力的です。ミニ色紙なので、作るのも簡単で飾るのもお手軽。

● 材料、作り方＝46ページ

桜吹雪の中、お姫さまの詠むうたは
雅びの心を薄紅色の花びらに託して

春らんまん

5 桜とお姫さま
あでやかな十二単衣（じゅうにひとえ）を着たお姫さまは小野小町でしょうか。
桜の花との構図が美しい、とても豪華な作品です。
●材料、作り方＝ 47 〜 51 ページ

ぽかぽか陽気のこの季節
色鮮やかなチューリップはみんなの人気者

6 チューリップの花束
花束を上からのぞき込んだような、斬新な構図です。近ごろ人気の、
花びらの先がとがったチューリップは、茎も柔らかく躍動的です。
●材料、作り方＝52〜53ページ

7 赤いチューリップ（ミニ色紙）
チューリップと言えば、やはり赤でしょう。
初めて作る方にお勧めのミニ色紙です。
単色の赤でも、味のある板締め和紙を使いました。
●材料＝57ページ、作り方＝52〜53ページ

春風に揺れる真っ白な花束は
清純な乙女の心のよう

春らんまん

8 マーガレットの花束
マーガレットは、じゃ腹折りをして花びらをカットする簡単な作り方です。
ギンガムチェックの包み紙がとってもキュートな感じです。
●材料、作り方＝58～59ページ

微笑みかける顔のように見えるパンジー昼下がりのひと時を優雅な気分で…

9 パンジーのグラス
極薄の和紙で、グラスを作り、庭で摘んできたパンジーを生けてみました。板締め和紙のグラデーションが上下の花びらの色替えに最適。
●材料、作り方＝54〜56ページ

10 オレンジの輝き（色違い作品）
色違い作品。単色の花束は迫力がありますね。黒のコットン色紙にオレンジ色が鮮やかに映える斬新な作品です。
●材料、作り方＝54〜56ページ

色とりどりの花が咲き乱れる春、
ちょっと摘んで、お部屋にご招待

春らんまん

11 ティーカップの花
パール加工を施した洋紙でティーカップを作りました。日常的なアイデアの作品ですが、それがまた新鮮に感じられる構図です。
●材料、作り方＝60〜61ページ

12 パンジー（ミニ色紙）
パンジーのひと株を作品にしてみました。
庭先に咲いている感じがそのまま色紙額に。
●材料＝57ページ、作り方＝54〜55ページ

さわやかな初夏

風も水もきらめく季節
大輪の花が誇らしげに咲いて

風薫る五月、青空に鯉のぼりが泳ぐ季節です。通り抜ける風に誘われて、お部屋も爽やかなコーディネイトに変えてみたくなりますね。

13 かきつばた
明るい黄色が美しいかきつばた。菖蒲の折り方にひと工夫して特徴をつかみました。丸窓からのぞく構図に広がりが感じられますね。　●材料、作り方＝62〜64ページ

14 菖蒲（ミニ色紙）
一輪だけのミニ色紙。端午の節句で何かと飾りものが多いこの時期、ミニ色紙額はさりげなく飾れて重宝します。　●材料、作り方＝69ページ

元気にたくましく育ってほしい
温かい心をこめた贈り物

さわやかな*初夏*

15 かぶと
金のかぶとをまん中にドーンと置いた大胆な構図です。
堂々とした作品は、男の子の誕生祝いにきっと喜ばれるでしょう。
●材料、作り方＝68ページ

でんでんむしむし…と口ずさみたくなるような
かわいいひとコマで梅雨時のごあいさつ

16 あじさいの花
ドーム形の発泡スチロールにあじさいの花を留めて作りました。
大きな葉っぱにのせて飾ります。かたつむりは紙粘土で作りました。
●材料、作り方＝65〜67ページ

17 あじさい（ミニ色紙）
花の大きさをあまり変えずに、ミニ色紙の作品を作りました。花数は少なくても、微妙な紫のグラデーションが雰囲気を出しています。
●材料、作り方＝65〜67ページ

さわやかな初夏

大きな雨粒が落ちてきて
花びらの上ではじけて銀色に輝いた

18 がくあじさい つぼみのような両性花を取り巻くように並んだ雨色の花たち。
雨降りの線が遠近感と迫力をかもし出してくれた作品です。
●材料、作り方＝66〜67ページ

涼を呼ぶ・夏

さんさんと降り注ぐ太陽、スカッとどこまでも青い空、生き物すべてが生命力をみなぎらせる季節です。お部屋を飾る作品は、躍動感溢れる中にも、背筋を伸ばしたくなるような清涼感のあるものがお似合いです。

ゆかたを着て、うちわを持ってホタルを追いかけた懐かしい日

19 夕顔とホタル

夕顔の花の周りを飛ぶホタルの作品。大きな白い花一輪という大胆な構図が、小さなホタルの可愛さを強調しています。
●材料、作り方＝70〜72ページ

大輪の花と言う名がふさわしいクレマチス
風にそよいで風車のよう

20 クレマチス
花びらが平らになるまでしっかり開くので、四方に広がる折り紙を重ねて8弁の花を作りました。細かく刻んだ花芯がポイントです。
●材料、作り方＝73～75ページ

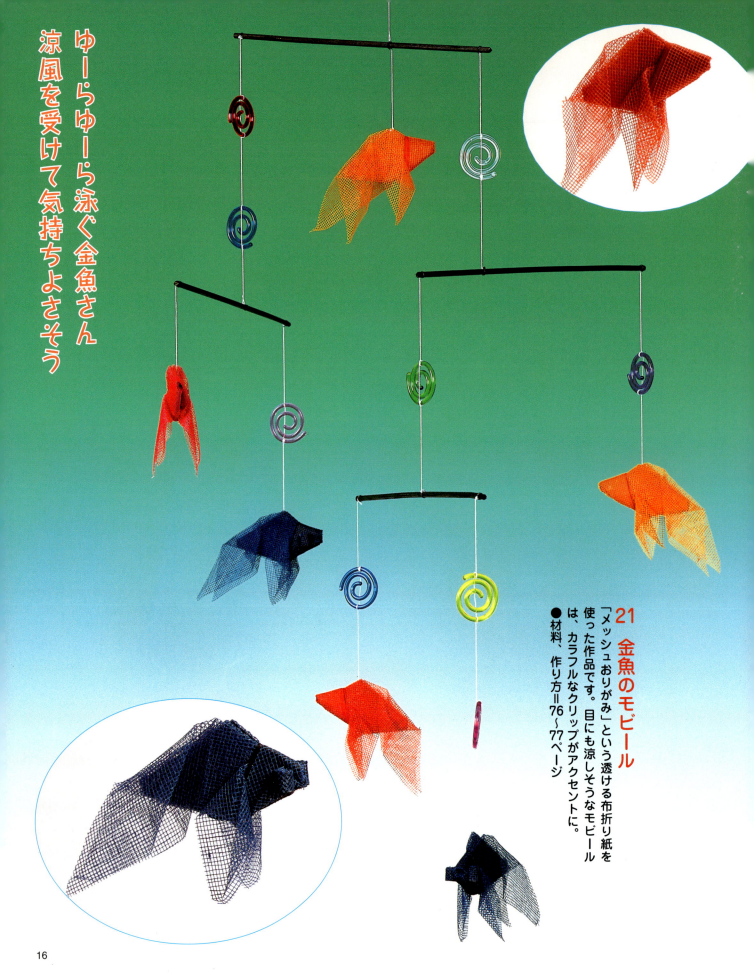

ゆーらゆーら泳ぐ金魚さん
涼風を受けて気持ちよさそう

21 金魚のモビール

「メッシュおりがみ」という透ける布折り紙を使った作品です。目にも涼しそうなモビールは、カラフルなクリップがアクセントに。
●材料、作り方＝76〜77ページ

水草に寄り添ってひと休み
ゆったりした時の流れを感じて

涼を呼ぶ・夏

22 金魚
緑色の和紙で藻を作り、水の中を作品にしました。赤い金魚や黒い出目金が楽しい色紙です。金魚は故、本多功氏の作品をアレンジしたものです。●材料、作り方＝76～77ページ

夏本番！背高のっぽの
ひまわりの花は太陽とおともだち

23 ひまわり 八角形の紙から折り出す花びらに、花芯を入れました。背が高いので、タペストリーを作って無理のない構図でまとめました。
●材料、作り方＝78〜80ページ

涼を呼ぶ・夏

鮮やかなピンクの花を水面に映して
すずしげに頭を揺らす、すいれんの花

25 すいれん
とんがった花びら、独特な形の葉、特徴を見事につかんだ作品です。静かな池の水の色までもが見えてくるようです。
●材料、作り方＝84〜85ページ

24 ひまわり（ペーパーウェイト）
花芯部分は丸い小石に和紙を貼って作ります。
花びらに乗せるように貼りつけて、
机の上に飾りましょう。
●材料＝80ページ、作り方＝78〜80ページ

ひと粒頬にほおばれば
甘い果汁がひろがって
細めた目に映る秋の空

朝晩ひんやりした空気を感じるようになると、あっという間に秋の訪れです。知らない間に木々は色づき始めています。澄んだ空気が植物の色の変化を一層美しく見せてくれ、移り変わりという言葉をしみじみ感じる季節です。

26 ぶどう　四角い紙を折り込んで丸い実を作ります。単純な折り紙なのでとっても簡単。大きな葉の葉脈などにひと工夫して、完成度を極めます。
●材料、作り方＝90〜91ページ

草むらはまだ緑色だけど
小さな虫たちは深まり行く秋を告げて…

27 バッタ
その昔、すすきの葉で折ったバッタが玩具として伝えられてきました。和紙を貼り合わせて細長く切り、再現してみました。
●材料、作り方＝86～87ページ

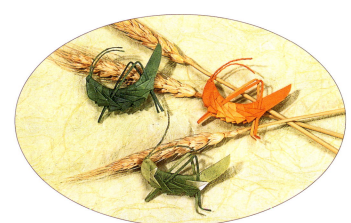

28 バッタ（ブローチ）　（作品提供＝三澤静子）
色紙に貼ったバッタと同じものです。裏側にブローチピンをボンドでつけました。リアルな姿に驚く方が多いでしょう。
●材料、作り方＝86～87ページ

29 赤とんぼ
すすきの原っぱをスイスイ飛び交う赤とんぼです。鶴の折り方から変化させる、なかなか優れた伝承折り紙です。
●材料、作り方＝92～93ページ

月夜の野原にうさぎが集まって
月のうさぎを呼ぶかのように
ぴょんぴょんぴょん…

30 月うさぎ
跳んでいる姿のうさぎがユーモラスな作品です。真っ白な強制紙がうさぎの柔らかさを表現するのにぴったりです。
●材料、作り方＝88〜89ページ

風にそよぐ秋草を誘って
仲秋の名月をお部屋の中に

色づく秋

31 お月見
ききょうやすすきの秋草を手前にあしらい、奥に大きな月を貼った素直な作品です。シンプルだけど月を愛でる心が伝わります。
●材料、作り方＝94〜95ページ

美しい月を見ると思い出す
悲しいかぐや姫の別れの場面

32 かぐや姫
おじいさん、おばあさんとの別れを嘆くかぐや姫。顔を隠して泣く姿がせつなくて、ききょうの花までなんだか寂しそうに見えます。
●材料、作り方＝96〜97ページ

邪気をはらう力を持つといわれる菊の香り
重陽の節句には菊づくしで…

色づく秋

33 菊姫
ひと晩、菊の花に綿をのせて夜露を集め、それを化粧に使ったと言われる積綿（せきわた）の儀式。そんなお姫さまがいた事を信じて。
●材料、作り方＝107ページ

清らかな心・冬

色づいていた葉っぱがはらはらと散り始めたら、もう街にはジングルベルのメロディが流れ始めます。すぐにクリスマス、そしてお正月とあわただしい季節ですが、年明けの張り詰めたような清らかな空気は、なんとも言えないすがすがしさに満ちあふれています。

ほのかに香るシクラメン
うつむきながら咲き続ける
なんとけなげな花

34 シクラメン

ローズ色のシクラメンは花びらの柔らかさを表現するのに、手すきの和紙がぴったりです。ふっくらとした葉っぱも魅力的。
●材料、作り方＝98〜101ページ

長い間咲き続ける蘭の花
そのひたむきさが冬空にお似合い

清らかな心・冬

35 蘭の花
素材は白地に深紅の板締め染めですが、ぼかしの部分が少なく、染め分けた感じに仕上がった和紙を使いました。
●材料、作り方＝82〜83ページ

36 カトレア（ミニ色紙）
折り方は蘭の花と同じです。オレンジからピンクに大きく染め分けた手すき和紙を使っています。
●材料、作り方＝81〜83ページ

清らかな心・冬

教会に賛美歌が響く聖なる夜
歌声を重ねて、
クリスマスの喜びを分ち合いましょう

37 シスターと聖歌隊
くすだま折りと呼ばれる伝承折り紙をドレスに見立てたお人形たち。
歌う表情もさまざまで可愛いですね。ピアノも伝承折り紙です。
●材料、作り方＝114〜115ページ

プレゼント、パーティーと
ウキウキ気分がお部屋にいっぱい

38 クリスマスツリー
くすだま折りを重ねて作ったツリーです。ボンドでくっつけるだけなので、とっても簡単。飾りは自由自在、お手持ちの小物でひと工夫。
●材料、作り方＝115ページ

39 クリスマスリース（ミニ色紙）
長方形の紙を三角に折って小さなパーツを作り、それをつないで作るクリスマスリースです。キャンドルやリボンで飾って。
●材料、作り方＝113ページ

40 ツリー（ミニ色紙）
これも三角形のパーツを組み合わせて作ります。ツリーの下に置いた小さなプレゼントボックスがデザインのポイントです。
●材料、作り方＝112ページ

お囃子といっしょにやってくる
新年のごあいさつ

41 獅子舞
獅子の頭をかついだ、いなせなお兄さん。黒いパッチ姿がきりっと引き締まってステキです。お正月ならではの楽しい作品です。
●材料、作り方＝102〜106ページ

清らかな心・冬

羽根つき、コマ回し、凧上げ、お正月はみんな子供の気分

42 晴れ着

くすだま折りを着物に見立てたお人形です。友禅染め和紙の柄で見事に「和風」が表現されています。袖の作り方をひと工夫して。
●材料、作り方＝115ページ

43 獅子舞飾り

小さな小さな獅子舞の頭を飾りましょう。美しい花のたとう（包み紙）を台にして、玄関の棚などでお客さまを出迎えてはいかが？ ●材料、作り方＝102～103ページ

44 羽子板に梅（ミニ色紙）

まだまだ寒いのに、かぐわしい香りと共に小さな花をパッと開く、可愛い梅の花。羽子板の図案が子供の頃を思い出させる作品です。●材料、作り方＝95ページ

かぐわしい梅の小枝で
春のおとずれを告げるうぐいす

清らかな心・冬

45 梅にうぐいす　作品の広がりを感じさせる作品です。
うぐいすは故、本多功氏のカラスをアレンジしたものです。
●材料、作り方＝108〜111ページ

季節のつるし飾り

46 桃と立ち雛

桃のモビール
● 材料・花の折り方＝42ページ

凛々しいお内裏様と可憐なお雛様
桃の花に包まれて嬉しそう

女雛
● 折り方＝136〜139ページ

男雛
● 折り方＝136〜139ページ

季節のつるし飾り

邪気払いの菖蒲も
五月の風と戯れて
しばし童心に返ります

48 菖蒲のモビール

● 材料＝43ページ

47 五月飾り

かぶとの折り紙に菖蒲の花を添えて小さな「端午の節句飾り」を作ってみました。
さり気なく…の季節感が洗練された印象を与えてくれる、大人テイストの折り紙です。
五月飾りの材料＝140ページ
作品制作＝麻生玲子

● 折り方＝140～143ページ

● 折り方＝43ページ

七夕飾り

星に願いをかけて笹をいろんな紙細工で飾りましょう

※ 七夕の節句に京都では女の子が紙の着物を作る風習がありました。絵羽柄(えばがら)に染めた和紙を布と同じように扱い、針と糸で縫います。婦女子の手芸上達を祈る儀式の一つだったのでしょう。それは「七夕さん」と呼ばれ、明治中頃まで親しまれていたそうです。楽紙舘では古い資料を元に「京の紙衣(かみこ)」を復刻し、キット商品として販売し、文化の継承に努めています。提供＝京都　楽紙舘　●材料＝133ページ

- 天の川　折り方＝133ページ
- 星　折り方＝112ページ
- ちょうちん　折り方＝133ページ
- 網飾り　折り方＝133ページ
- 京の紙衣　作り方＝42〜43ページ
- おり姫・ひこ星　折り方＝133ページ
- シェルつなぎ　折り方＝133ページ
- 短冊　折り方＝133ページ

うさぎ 折り方＝88、89ページ

三宝 折り方＝143ページ

月 折り方＝144ページ

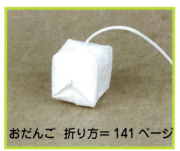

おだんご 折り方＝141ページ

すすき・花瓶 折り方＝144ページ

十五夜をよろこんで飛び跳ねるうさぎたち

季節のつるし飾り

50 仲秋の名月

●材料＝144ページ

52 松竹梅

モダンな住宅に似合いそうな1本つるしの作品です。松竹梅にすごもり鶴、と洗練された縁起物を集めました。

つるし台／提供＝タカギ繊維

季節のつるし飾り

すごもり鶴／折り方＝151ページ

松／折り方＝150ページ

竹／折り方＝150ページ

梅／折り方＝150ページ

松竹梅の材料＝150ページ

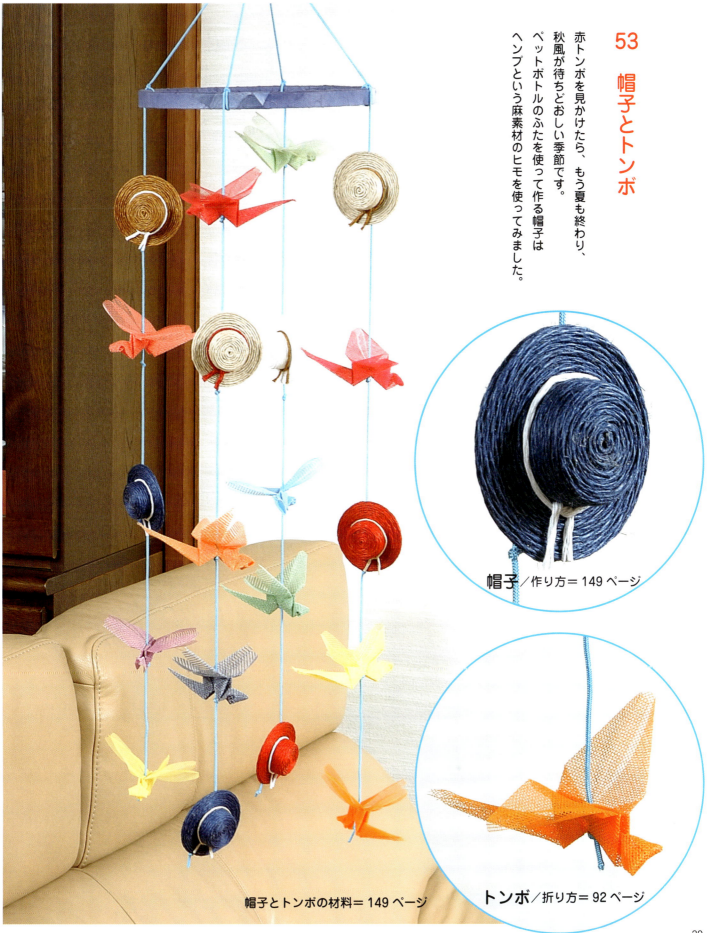

53 帽子とトンボ

赤トンボを見かけたら、もう夏も終わり、秋風が待ちどおしい季節です。ペットボトルのふたを使って作る帽子はヘンプという麻素材のヒモを使ってみました。

帽子／作り方＝149 ページ

トンボ／折り方＝92 ページ

帽子とトンボの材料＝149 ページ

歳時記十二ヶ月

左上から一月	獅子舞	作り方=122ページ	二月	節分	作り方=123ページ	三月	おひなさま	作り方=124ページ
四月	花まつり	作り方=125ページ	五月	こいのぼり	作り方=126ページ	六月	てるてる坊主	作り方=127ページ
七月	七夕	作り方=128ページ	八月	花火	作り方=128ページ	九月	月見	作り方=128ページ
十月	運動会	作り方=129ページ	十一月	酉の市	作り方=130ページ	十二月	クリスマス	作り方=132ページ

折り方図の記号をおぼえましょう

表　裏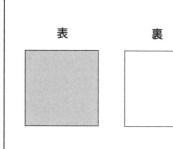

●山折り線 -------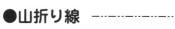
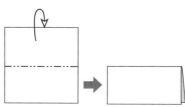

●谷折り線 -------
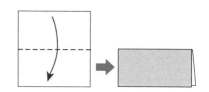

●裏返す（水平に）
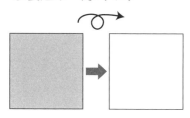

●折り目をつける
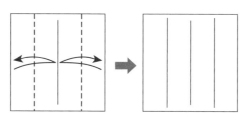

●巻くように折る
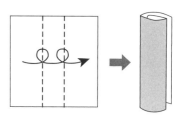

●向きを変える
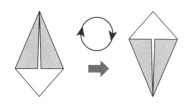

●段折り
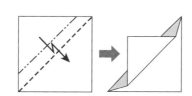

●かぶせ折りと中割り折り
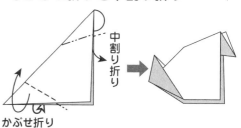

●図を大きくする
図を大きくする　　図を小さくする
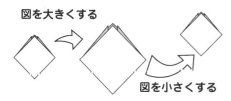

●ひきだす・さしこむ
ひきだす
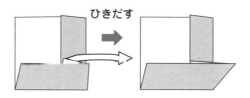

さしこむ
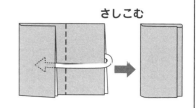

●押しこむ（しずめ折り）➡
折り筋をつける
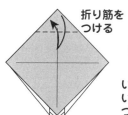
いったんひらいて折り筋をつけ直す
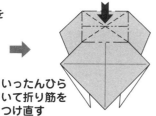
へこませて折る
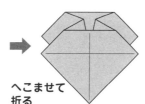

●ひらく
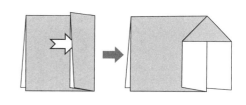

33ページ 46番 桃と立ち雛

【材料】
桃（大）	6cm×6cm	40枚　ピンク（板締め染め和紙）
桃（小）	5cm×5cm	32枚　ピンク（板締め染め和紙）
花びら	2cm×2cm	6枚　ピンク（板締め染め和紙）
花芯		少々　黄（板締め染め和紙）
輪の台紙	2cm×60cm	2枚（厚紙）
輪の台紙（中心）	2cm×19cm	4枚（厚紙）
輪	5cm×60cm	2枚　黒（こうぞ）
つるしひも	約500cm	

★男雛、女雛の材料と折り方＝136〜139ページと同じ。（男雛の袴は前後からはさむので2枚必要です。）
★桃＝45ページの桜の折り方を参照してください。

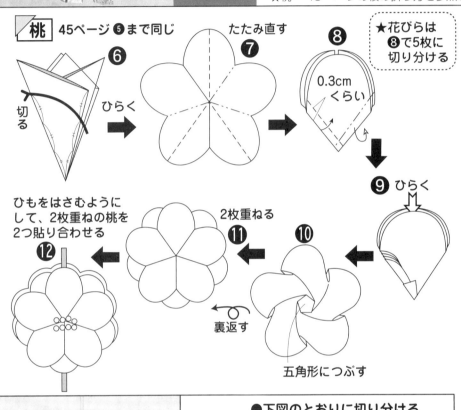

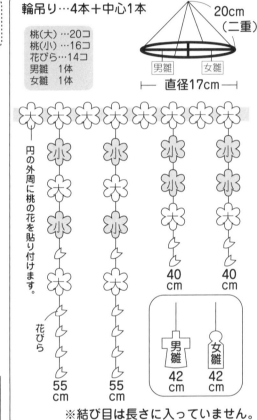

35ページ 49番 七夕（京の紙衣）

【材料】
着物　35cm×50cm　1枚（友禅染め和紙）

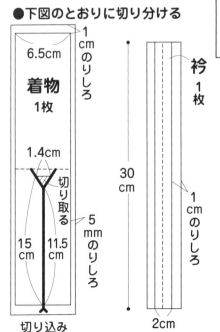

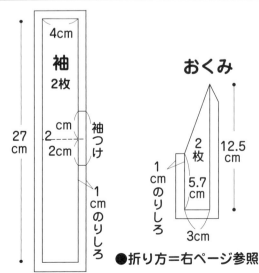

●折り方＝右ページ参照

34ページ48番 菖蒲のモビール

【材料】
菖蒲　　　12.5cm×12.5cm　11枚　紫（板締め染め和紙）
菖蒲の葉　4cm×9cm　　　　22枚　緑（板締め染め和紙）
菖蒲の茎　2cm×10cm　　　 11枚　緑（板締め染め和紙）
竹ひご　　約130cm
木綿糸　　約200cm
★菖蒲＝63ページのかきつばたの折り方を参照してください。

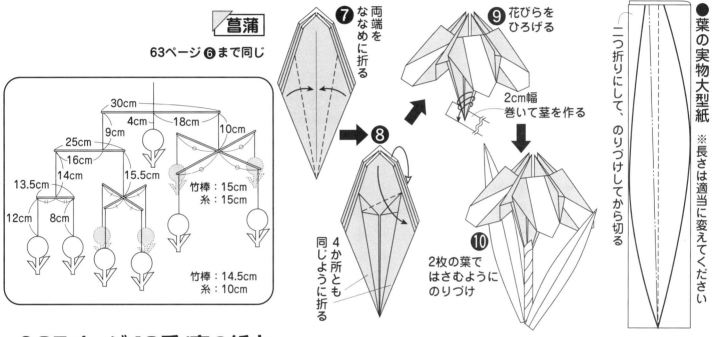

●35ページ49番/京の紙衣

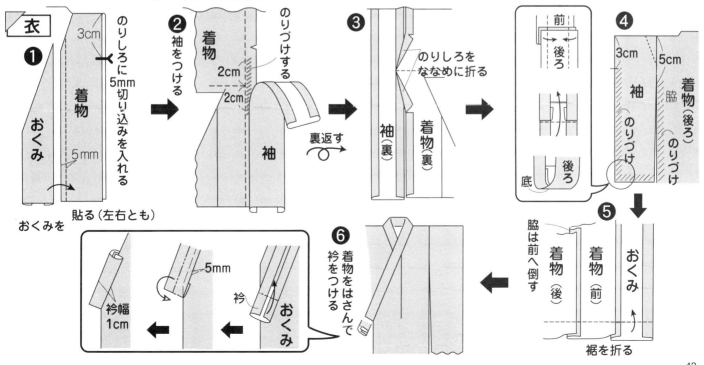

山桜 4ページ3番

【材料】

花	4cm×4cm	32枚	薄いピンク(板締め染め和紙)
つぼみ・花びら	4cm×4cm	6枚	薄いピンク(板締め染め和紙)
がく	2cm×2cm	10枚	茶(板締め染め和紙)
葉	4cm×4cm	15枚	茶(板締め染め和紙)
枝A	2.5cm×24cm	1枚	焦げ茶(板締め染め和紙)
枝B	1.5cm×12〜20cm	3枚	焦げ茶(板締め染め和紙)
枝C	0.8cm×1〜3.5cm	6枚	焦げ茶(板締め染め和紙)
茎	0.3cm×2〜3cm	7枚	焦げ茶(板締め染め和紙)
色紙	27.3cm×24.2cm	1枚	水色(コットン)

★枝・茎は色紙の構図に合わせて下さい。枝、茎、花びら作り方=45、46ページ。

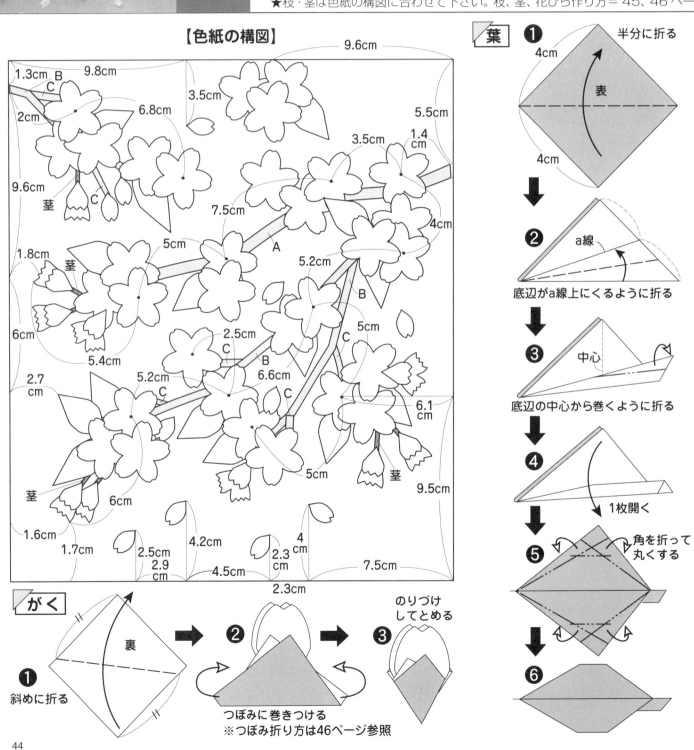

4ページ3番 山桜／桜　　37ページ51番 ハロウィン／梅

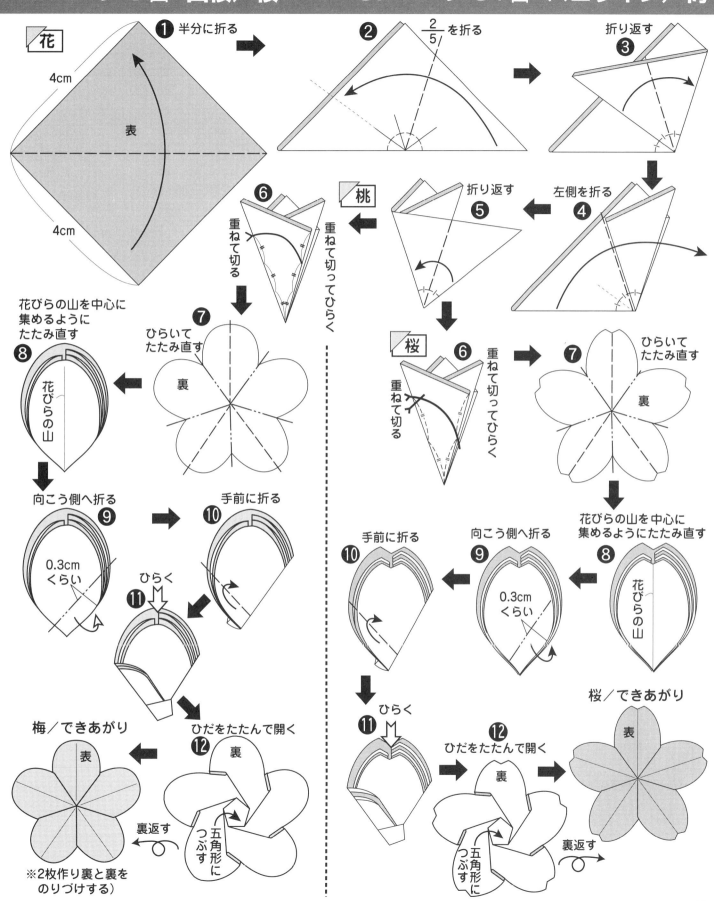

4ページ4番 しだれ桜（ミニ色紙）

【材料】
花	4cm×4cm	8枚	ピンク(板締め染め和紙)
つぼみ・花びら	4cm×4cm	3枚	ピンク(板締め染め和紙)
がく	2cm×2cm	2枚	茶(板締め染め和紙)
枝	1.5cm×18cm	3枚	茶(板締め染め和紙)
色紙	13.6cm×12.1cm	1枚	ぼかし

★花の折り方＝45ページを参照してください。

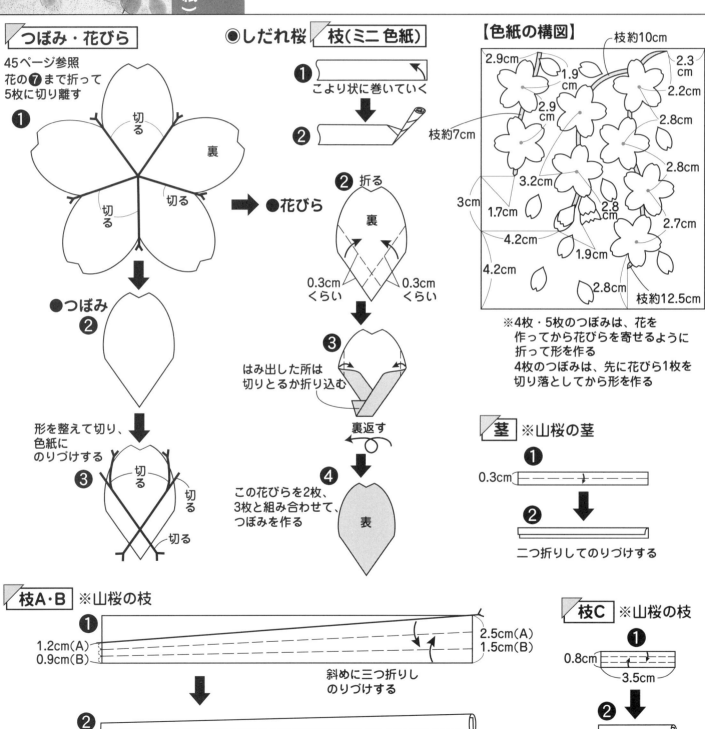

5ページ5番 桜とお姫さま

【材料】

ー小町ー

頭・体	15cm×15cm	1枚	白(こうぞ)
着物	13.5cm×13.5cm	1枚	水色地に柄(友禅)
重ねA	14cm×14cm	1枚	水色(こうぞ)
重ねB	14.5cm×14.5cm	1枚	山吹色(こうぞ)
重ねC	15cm×15cm	1枚	緑(こうぞ)
衿	1cm×8cm	1枚	ピンク(こうぞ)
長衣の衿	3cm×10cm	1枚	白(こうぞ)
袴	15cm×15cm	1枚	赤(こうぞ)
髪A	3cm×8cm	1枚	黒(こうぞ)
髪B	4cm×10cm	1枚	赤(こうぞ)
扇	6cm×3cm	1枚	金(メタル)
もうせん	19cm×10cm	1枚	紅(板締め染め和紙)

ー桜ー

花・花びら	15cm×15cm	13枚	ピンク(板締め染め和紙)
枝B	1.5cm×15cm	5枚	茶(板締め染め和紙)
色紙	27.3cm×24.2cm	1枚	

★桜の折り方=45ページを参照してください。
★枝の折り方=46ページを参照してください。

実物大型紙

花びら

【色紙の構図】

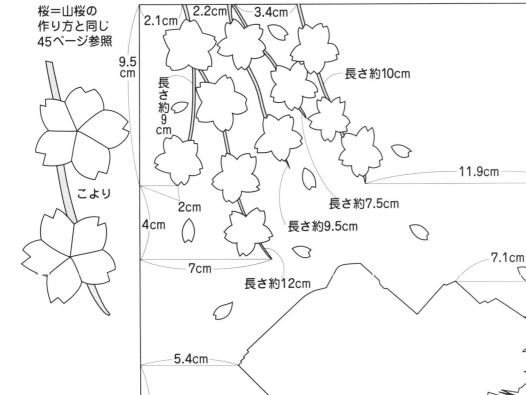

桜=山桜の作り方と同じ 45ページ参照

こより

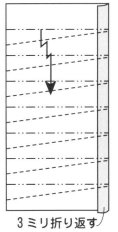

扇

8等分=全て山折り
斜めにじゃ腹折りする

3ミリ折り返す

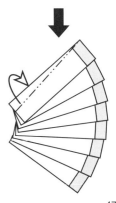

5ページ5番　桜とお姫さま

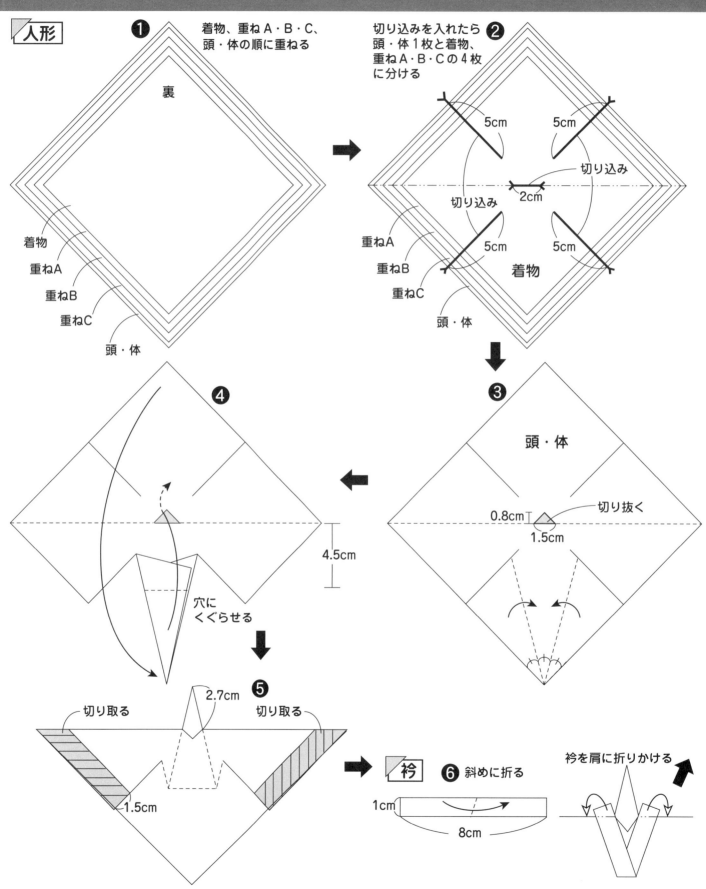

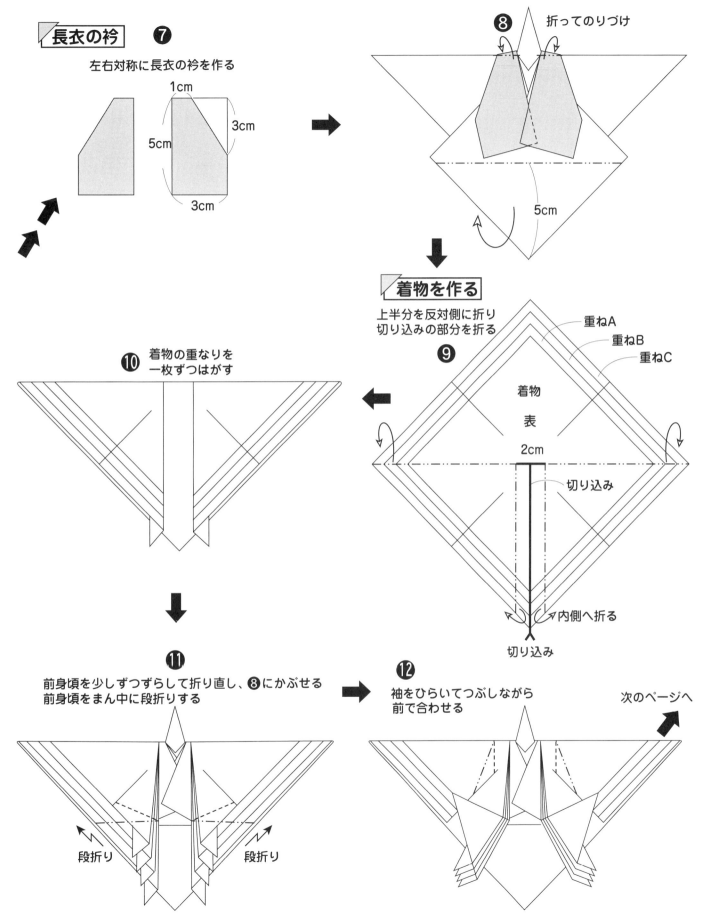

5ページ5番　桜とお姫さま

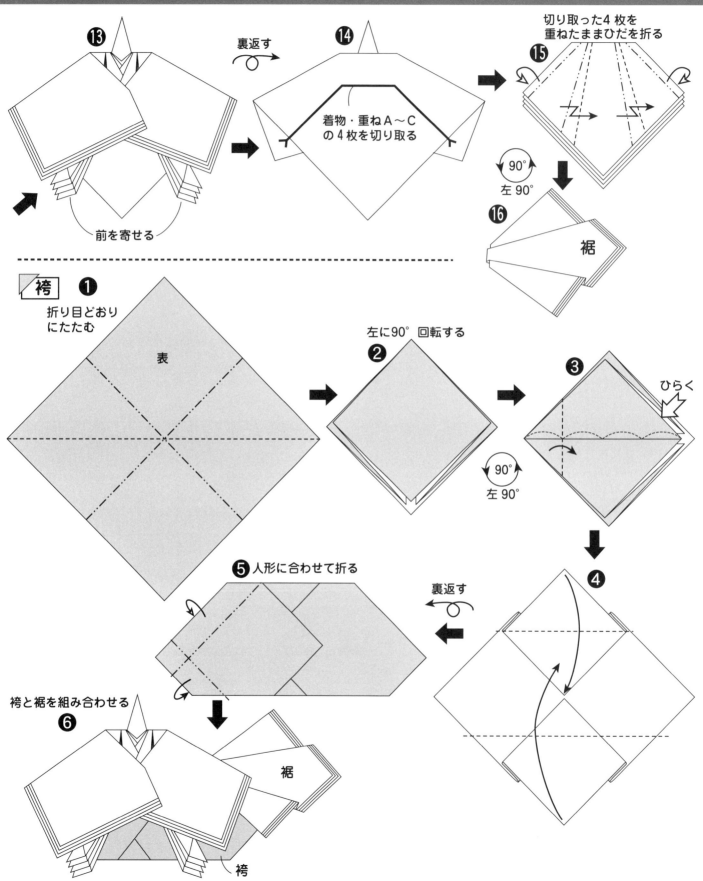

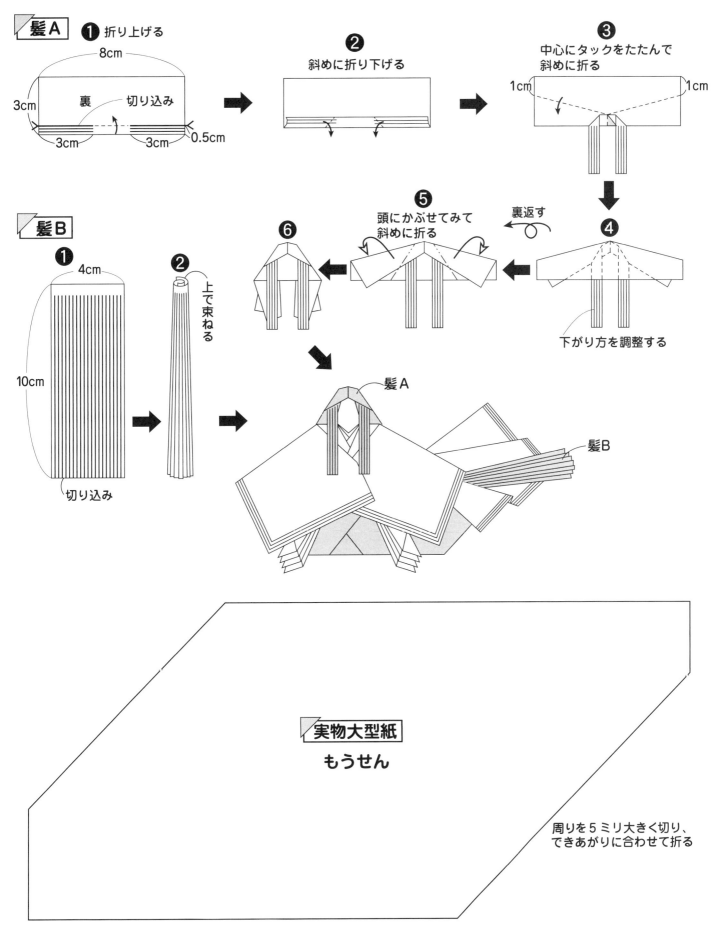

6ページ6番 チューリップの花束

【材料】

花	10cm×10cm	4枚	赤(板締め染め和紙)
花	10cm×10cm	6枚	オレンジ(板締め染め和紙)
葉	10cm×10cm	9枚	緑(板締め染め和紙)
茎	2cm×14cm	8枚	緑(板締め染め和紙)
包み紙	10cm×10cm	5枚	白(レースペーパー)
色紙	27.3cm×24.2cm	1枚	紺(コットン)

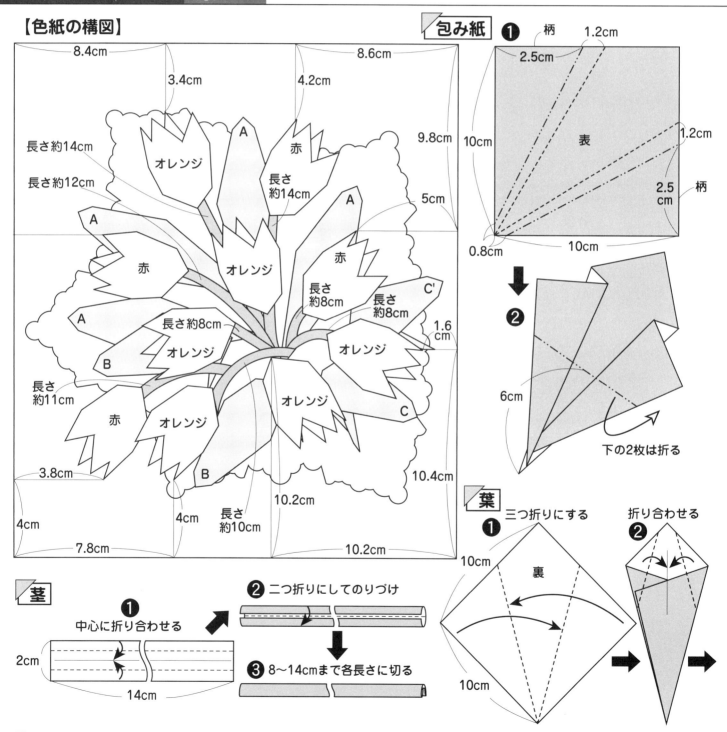

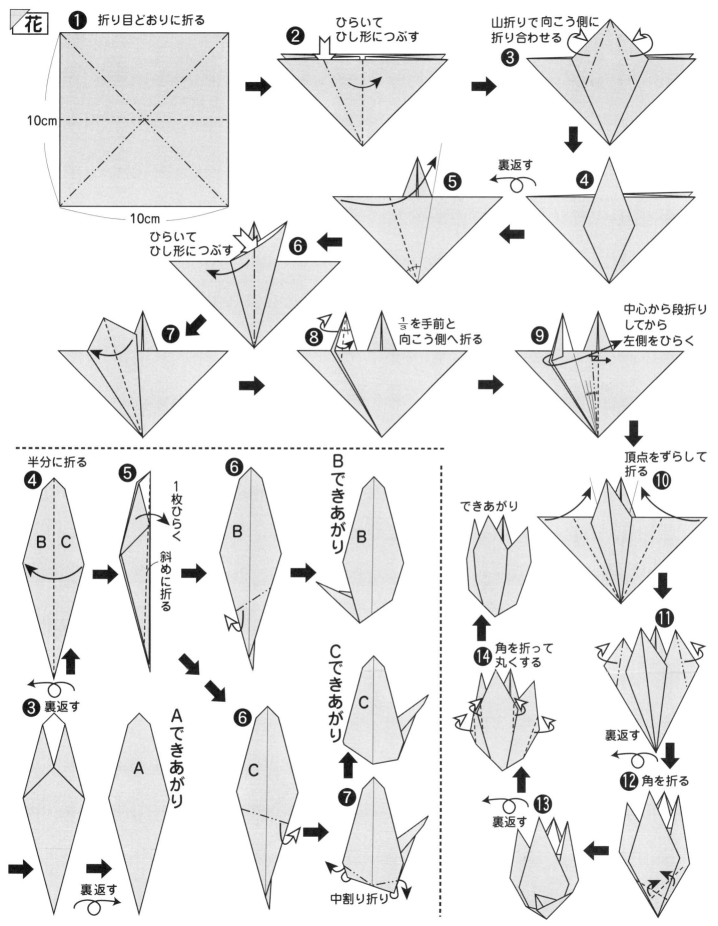

8ページ 9番 **パンジーのグラス**

8ページ 10番 **オレンジの輝き**

【材料】 ※オレンジの輝きの花はすべてオレンジ系を使用する

花大（上）	2.75cm×5.5cm	5枚	紫系（板締め染め和紙）
花大（下）	5cm×5cm	5枚	紫系（板締め染め和紙）
花芯大	2cm×2cm	5枚	黄（こうぞ）
花小（上）	2.5cm×5cm	2枚	紫系（板締め染め和紙）
花小（上）	2.5cm×5cm	1枚	えんじ系（板締め染め和紙）
花小（下）	4.5cm×4.5cm	2枚	紫系（板締め染め和紙）
花小（下）	4.5cm×4.5cm	1枚	えんじ系（板締め染め和紙）
花芯小	1.5cm×1.5cm	3枚	黄（こうぞ）
葉大	3cm×6cm	3枚	緑（板締め染め和紙）
葉小	2cm×4.5cm	2枚	緑（板締め染め和紙）
葉細	0.6cm×3cm	3枚	緑（板締め染め和紙）
茎	1.5cm×13cm	6枚	緑（板締め染め和紙）
グラス	12.5cm×9.5cm	1枚	水色（極薄紙）
グラス台	6cm×9cm	1枚	水色（極薄紙）
色紙	27.3cm×24.2cm	1枚	クリーム色（コットン）

★茎、グラス、グラス台、葉の作り方＝56ページ

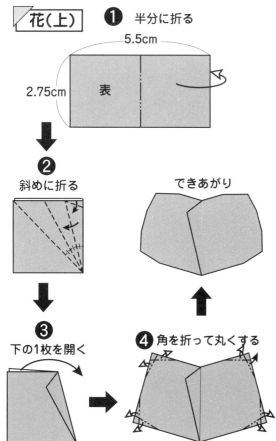

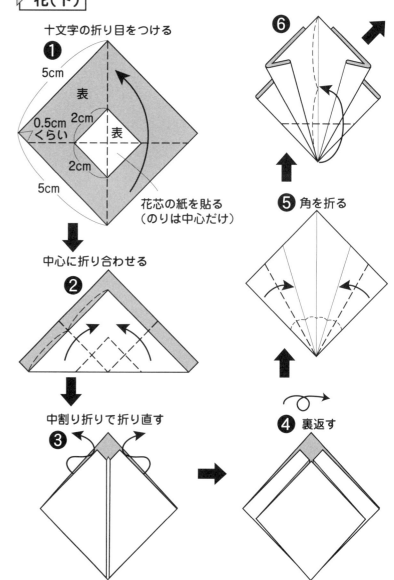

❼ 上の1枚を折り下げて四角くひらく

❽ 裏返す
花芯

❾ 折り下げる

❿ 角を折って丸くする
少し折って、引っぱられるままに三角につぶす

⓫ 花の上下を組み合わせる
裏返す

⓬ できあがり
花上
花下

【色紙の構図】

9.2cm
5.9cm
3.1cm
4.1cm
1cm
葉/小
葉/小
10.3cm
4.6cm
花/小
葉/大
花/小
6.7cm
花/小
葉/大
葉/大
長さ約11cm
長さ約13cm
長さ約11cm
長さ約13cm
長さ約11cm
長さ約13cm

11.6cm　2.8cm

8ページ9番 パンジーのグラス　　8ページ10番 オレンジ

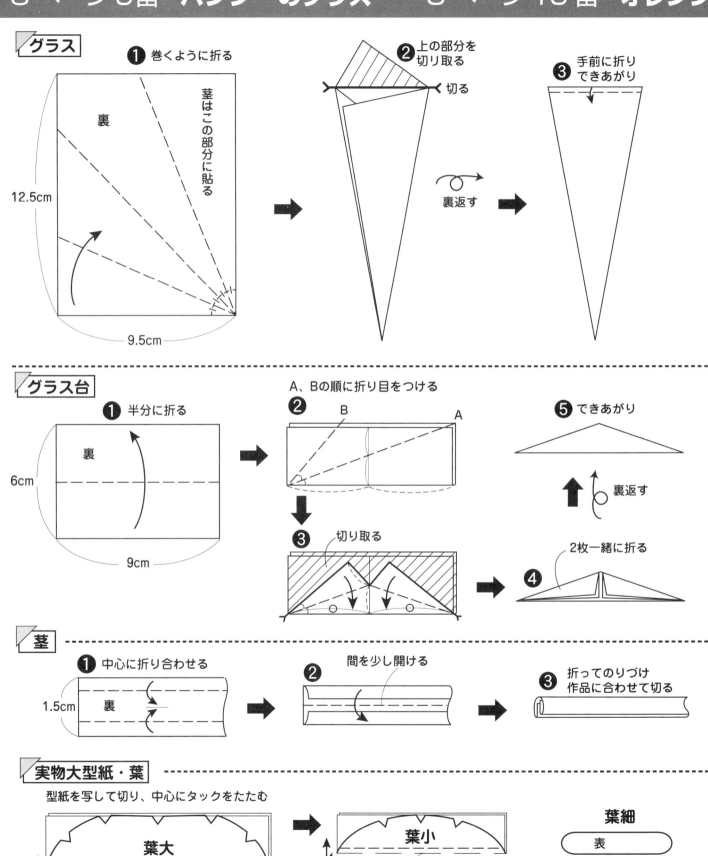

9ページ12番 パンジー(ミニ色紙)

【色紙の構図】

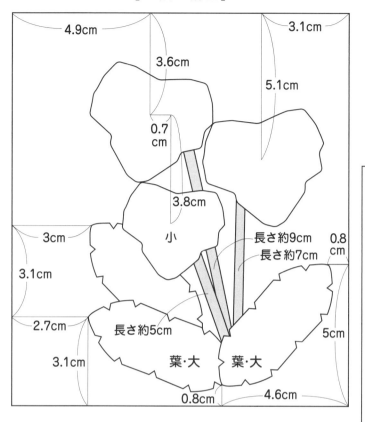

- 4.9cm
- 3.1cm
- 3.6cm
- 5.1cm
- 0.7cm
- 3.8cm 小
- 3cm
- 長さ約9cm
- 長さ約7cm
- 0.8cm
- 3.1cm
- 2.7cm
- 長さ約5cm
- 3.1cm
- 葉・大
- 葉・大
- 5cm
- 0.8cm
- 4.6cm

【材料】

花大(上)	2.75cm×5.5cm	1枚	紫系(板締め染め和紙)
花大(上)	2.75cm×5.5cm	1枚	えんじ系(板締め染め和紙)
花大(下)	5cm×5cm	1枚	紫系(板締め染め和紙)
花大(下)	5cm×5cm	1枚	えんじ系(板締め染め和紙)
花芯大	2cm×2cm	2枚	黄(こうぞ)
花小(上)	2.5cm×5cm	1枚	紫系(板締め染め和紙)
花小(下)	4.5cm×4.5cm	1枚	紫系(板締め染め和紙)
花芯小	1.5cm×1.5cm	1枚	黄(こうぞ)
葉	3cm×6cm	3枚	緑(板締め染め和紙)
茎	1.2cm×10cm	3枚	緑(板締め染め和紙)
色紙	13.6cm×12.1cm	1枚	クリーム色(コットン)

★葉(葉大)、茎の折り方は56ページを参照して下さい。
★花の折り方=54、55ページと同じです。

6ページ7番 赤いチューリップ(ミニ色紙)

【材料】

花	7.5cm×7.5cm	3枚	赤(板締め染め和紙)
葉	7.5cm×7.5cm	2枚	緑(板締め染め和紙)
茎	1.5cm×10cm	3枚	緑(板締め染め和紙)
色紙	13.6cm×12.1cm	1枚	ぼかし

★折り方は52〜53ページを参照して下さい。

【色紙の構図】

- 5.5cm
- 0.8cm
- 3.2cm
- 5cm
- 長さ約10cm
- 1.5cm
- 4.4cm
- A
- 1cm
- 0.8cm
- 長さ約7cm
- A'
- 1.6cm
- 4.8cm
- 長さ約8.5cm
- 1.1cm
- 0.4cm

 葉 ※52、53ページ参照

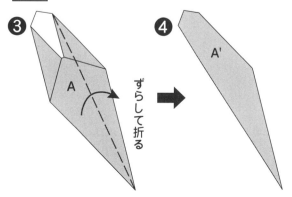

❸ A ずらして折る ❹ A'

7ページ8番 マーガレットの花束

【材料】

花	4cm×5cm	12枚	白（こうぞ）
花芯	1cm×12cm	6枚	黄（こうぞ）
葉	8cm×4cm	4枚	緑（板締め染め和紙）
茎	0.5cm×10cm	3枚	緑（板締め染め和紙）
包み	13.5×13.5cm	1枚	ピンク×白のチェック
リボン	2.5cm×15cm	3枚	赤
色紙	27.3cm×24.2cm	1枚	濃い青（コットン）

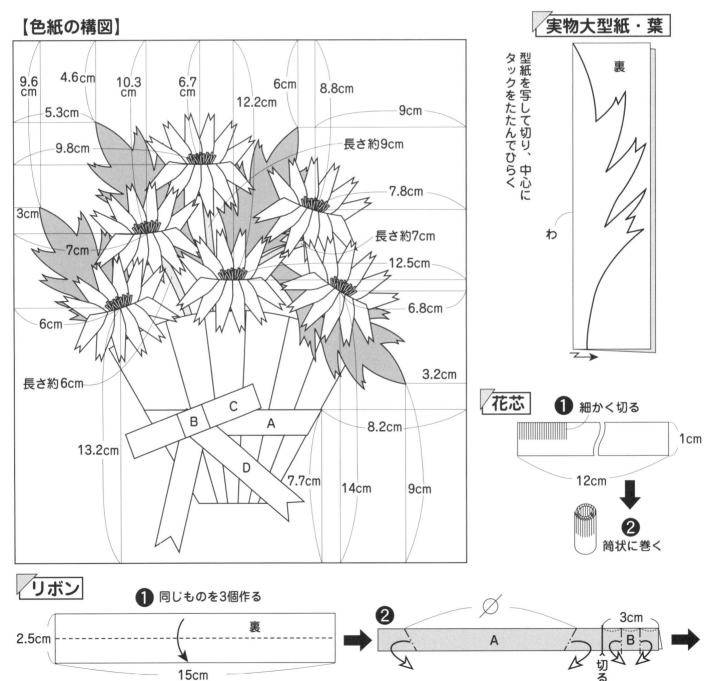

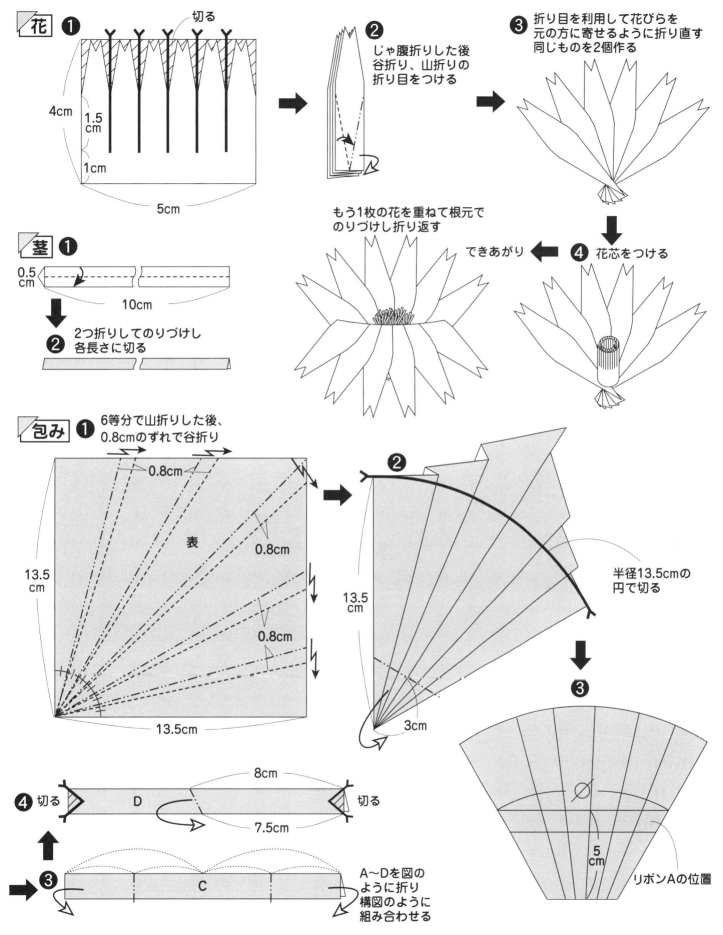

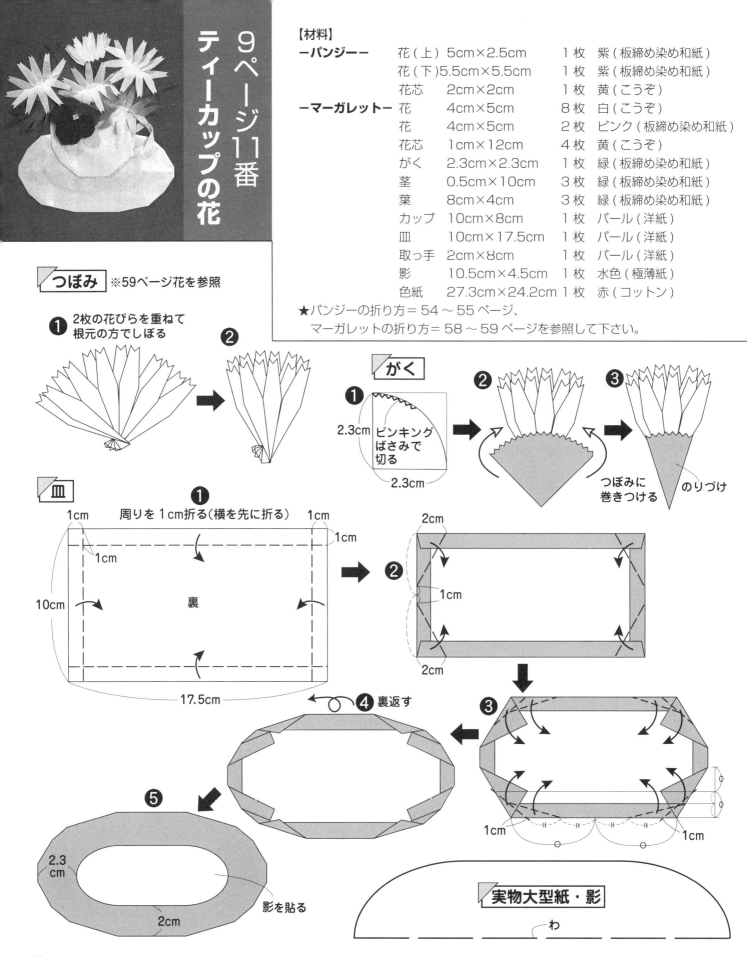

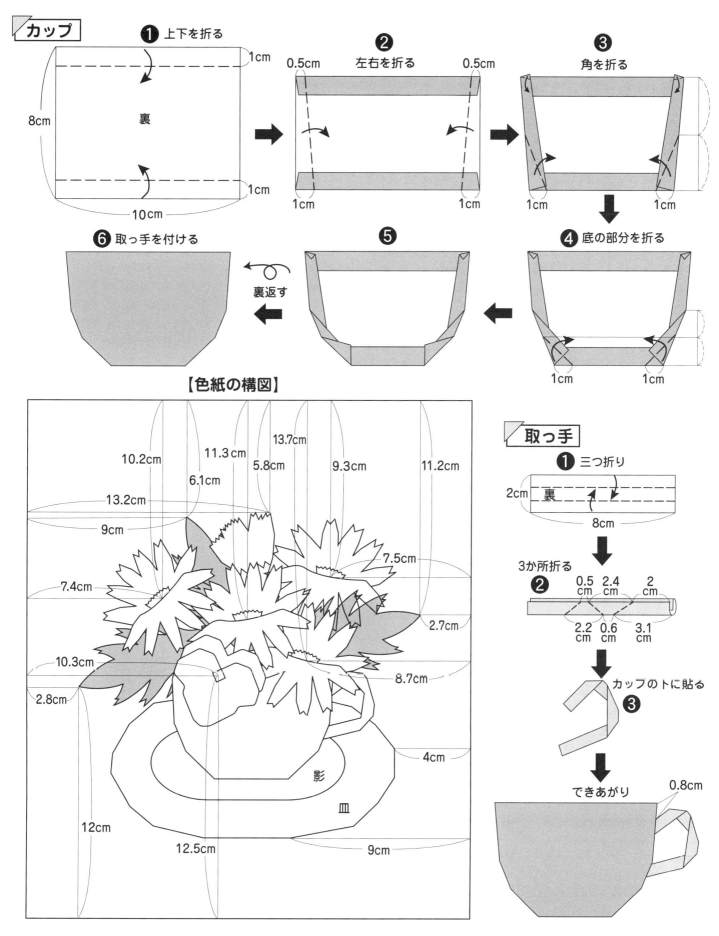

10ページ13番 かきつばた

【材料】

花大	16cm×16cm	2枚	黄（こうぞ）
花小	15cm×15cm	1枚	黄（こうぞ）
つぼみ	7.5cm×7.5cm	1枚	黄（こうぞ）
がく	4cm×4cm	4枚	緑（板締め染め和紙）
茎	1cm×15cm	4枚	緑（板締め染め和紙）
葉	2.5cm×15cm	10枚	緑（板締め染め和紙）
色紙	27.3cm×24.2cm	1枚	丸窓銀せん

★つぼみの折り方＝64ページ

【色紙の構図】

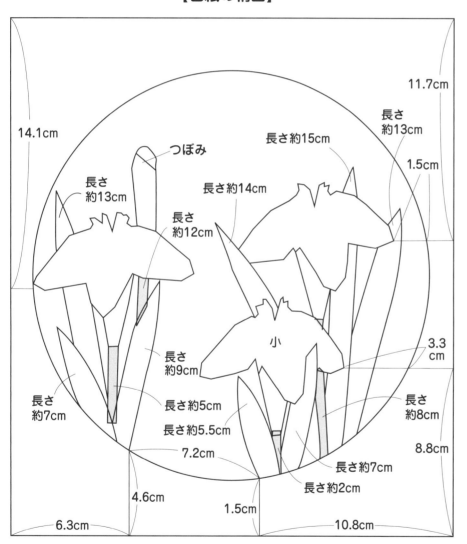

実物大型紙・葉

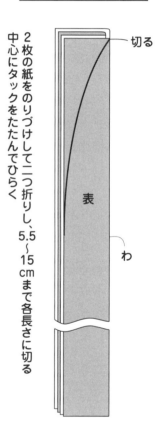

2枚の紙をのりづけして二つ折りし、中心にタックをたたんでひらく 5.5～15cmまで各長さに切る

 茎

2枚の紙をのりづけして二つ折りし、2～12cmまで各長さに切る

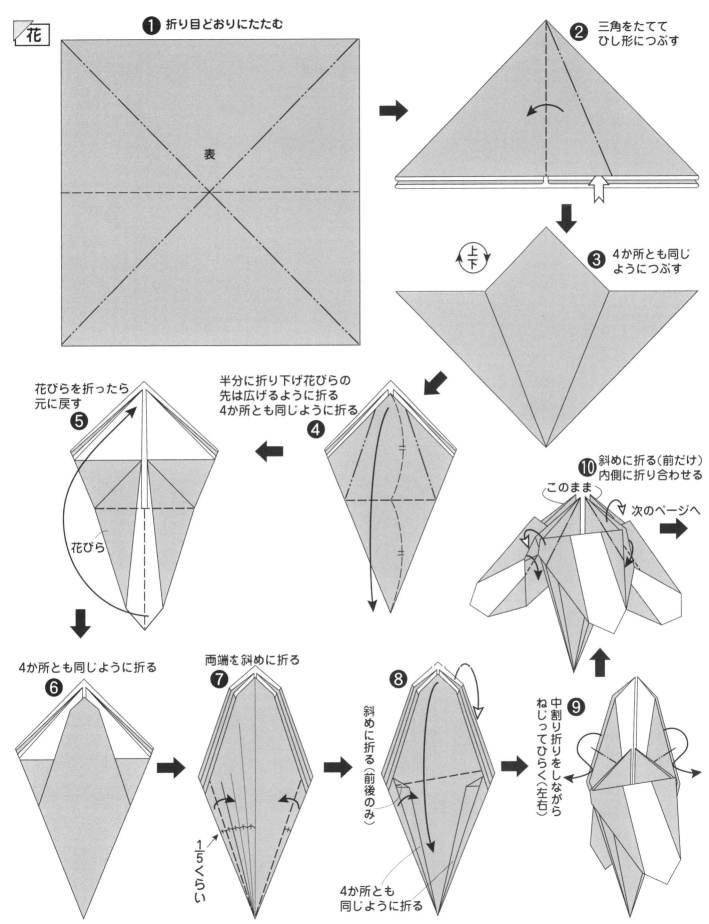

10ページ 13番　かきつばた

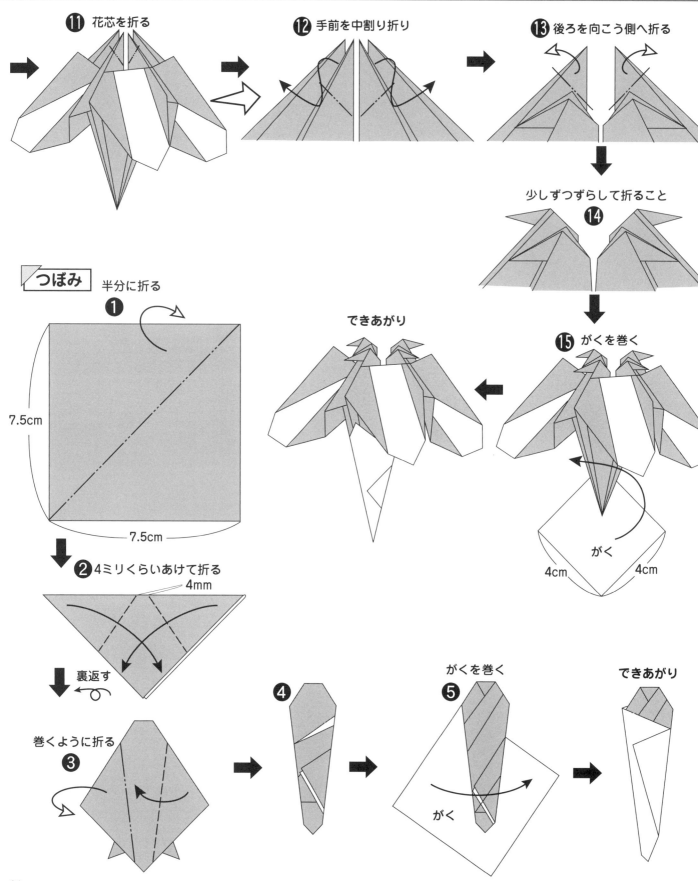

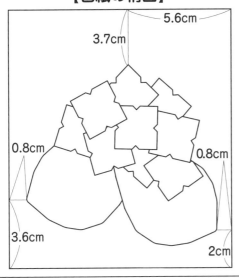

【色紙の構図】

5.6cm
3.7cm
0.8cm
0.8cm
3.6cm
2cm

12ページ17番 あじさい（ミニ色紙）

【材料】 ★花、花芯、葉の折り方＝66、67ページ

花	3cm×3cm	9枚	紫(板締め染め和紙)
花芯	1cm×12cm	2枚	紫(板締め染め和紙)
葉	6cm×6cm	2枚	緑(板締め染め和紙)
色紙	13.6cm×12.1cm	1枚	ぼかし

12ページ16番 あじさいの花

【材料】

花	3cm×3cm	40～43枚	紫(板締め染め和紙)
花芯	1cm×20cm	7枚	紫(板締め染め和紙)
葉大	12cm×12cm	1枚	緑(板締め染め和紙)
葉小	11.5cm×11.5cm	2枚	緑(板締め染め和紙)
発泡スチロールのボール		直径10cm 1個	
土台用の紙	22cm×22cm	1枚	黄緑(板締め染め和紙)

★花、花芯、葉の折り方＝66、67ページ

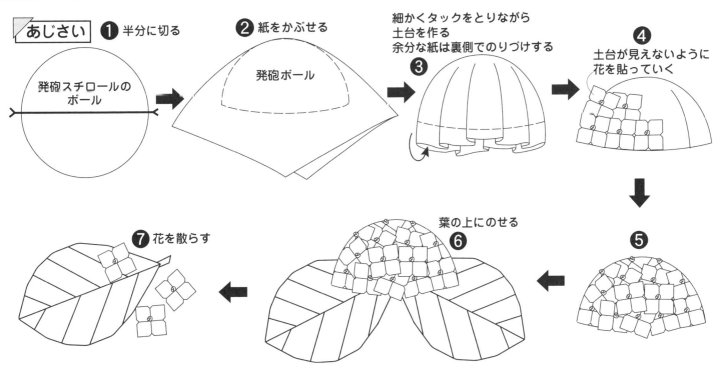

あじさい

① 半分に切る　発砲スチロールのボール
② 紙をかぶせる　発砲ボール
③ 細かくタックをとりながら土台を作る　余分な紙は裏側でのりづけする
④ 土台が見えないように花を貼っていく
⑤
⑥ 葉の上にのせる
⑦ 花を散らす

13ページ18番 がくあじさい

【材料】

花	3cm×3cm	26枚	紫（板締め染め和紙）
花芯	1cm×20cm	3枚	紫（板締め染め和紙）
つぼみ	1cm×1cm	26枚	紫（板締め染め和紙）
つぼみ	1cm×1cm	58枚	黄緑（板締め染め和紙）
茎	0.3cm×4cm	14枚	緑（板締め染め和紙）
葉	7.5cm×7.5cm	6枚	緑（板締め染め和紙）
枝	2.5cm×30cm	2枚	緑（板締め染め和紙）
雨	0.2cm×6cm	9枚	水色（極薄紙）
色紙	27.3cm×24.2cm	1枚	クリーム色（コットン）

★つぼみは色紙の構図を参考にして適当な位置に貼ります。

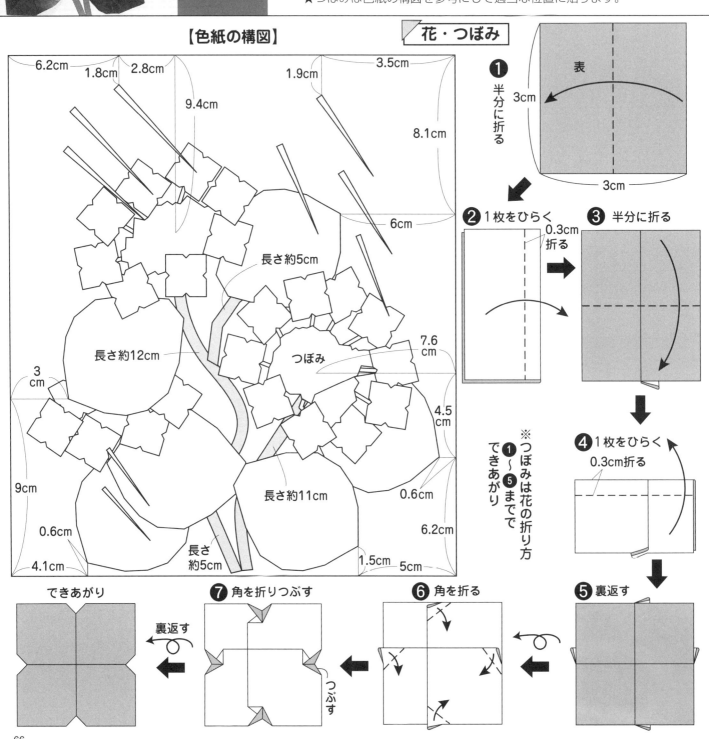

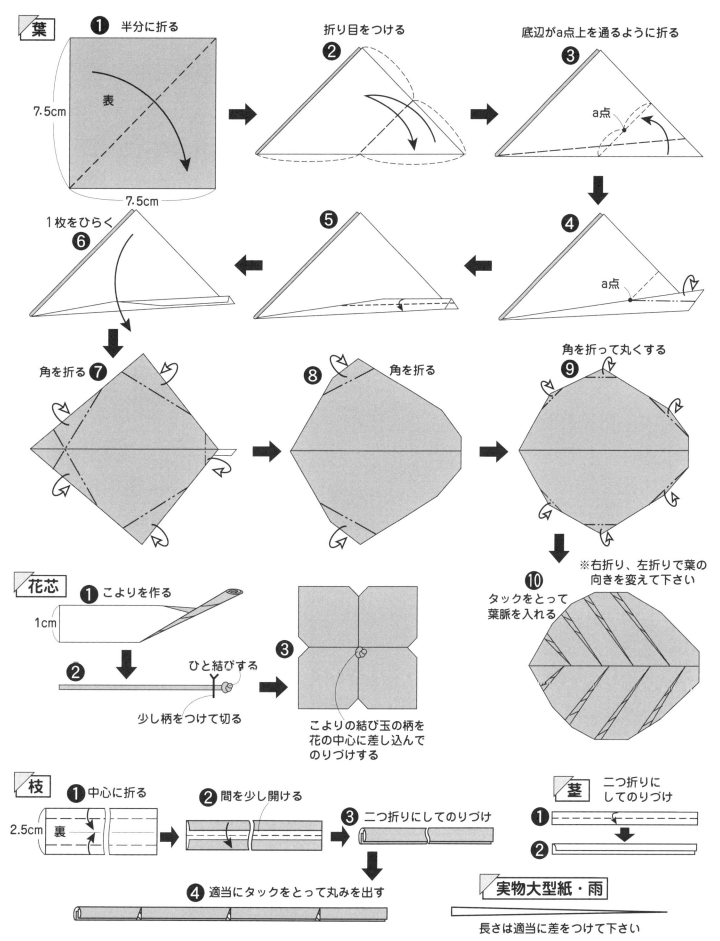

11ページ15番 かぶと

【材料】

かぶと	25cm×25cm	1枚	金×赤(メタル)
房付き丸ひも	太さ0.3cm×50cm	1本	紫
－菖蒲－			
花	8cm×8cm	3枚	紫(板締め染め和紙)
がく	2.5cm×2.5cm	3枚	緑(板締め染め和紙)
茎	0.8cm×10cm	6枚	緑(板締め染め和紙)
葉	2cm×12cm	6枚	緑(板締め染め和紙)
色紙	27.3cm×24.2cm	1枚	

★ 菖蒲の折り方＝62～64ページを参照して下さい。

【色紙の構図】

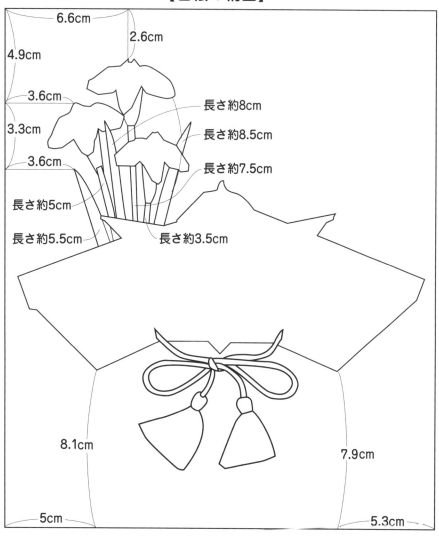

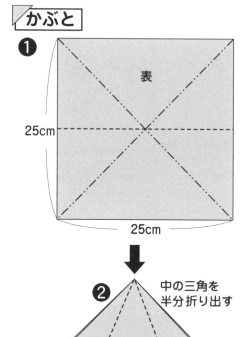

かぶと

① 25cm × 25cm 表

② 中の三角を半分折り出す

③ 折り出した状態

④ まん中に折り合わせる

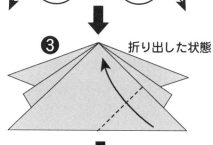

かぶとの菖蒲　葉　わ
紙2枚をのりづけし、型紙を写して各長さに切る

実物大型紙

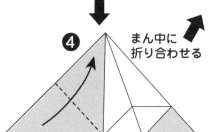

ミニ色紙の葉　わ
紙2枚をのりづけし、型紙を写して各長さに切り、中心にタックをたたむ

10ページ14番 菖蒲（ミニ色紙）

【材料】

花	12cm×12cm	1枚	紫（板締め染め和紙）
つぼみ	7.5cm×7.5cm	1枚	緑（板締め染め和紙）
がく	5cm×5cm	1枚	緑（板締め染め和紙）
茎	1.5cm×7cm	2枚	緑（板締め染め和紙）
葉	1.8cm×12cm	6枚	緑（板締め染め和紙）
色紙	13.6cm×12.1cm	1枚	ぼかし

★ 菖蒲の折り方＝62～64ページを参照して下さい。
★ 花は1～10まで折り、下図のようにがくをつけます。
★ 葉の実物大型紙＝68ページを参照して下さい。

【色紙の構図】

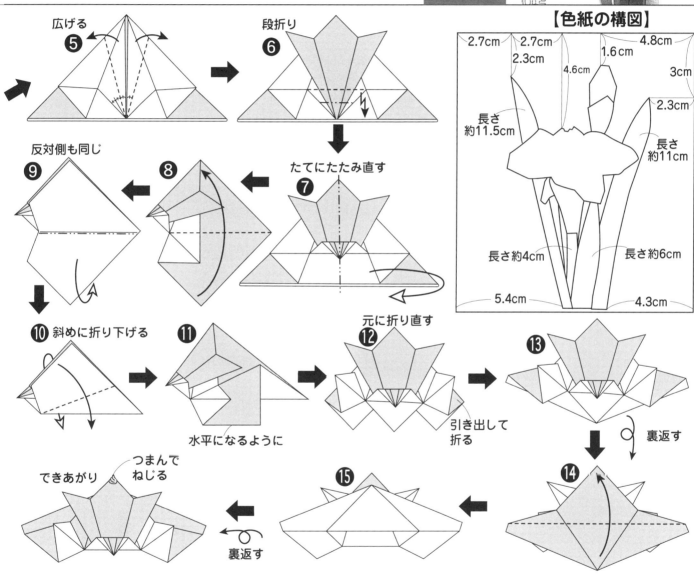

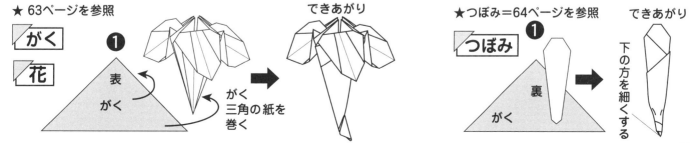

14ページ 19番 夕顔とホタル

【材料】	★ホタル、つぼみ、つるの折り方＝72、73ページ		
花	20cm×20cm	1枚	白（こうぞ）
つぼみ	9cm×9cm	1枚	黄緑（板締め染め和紙）
がく	3cm×3cm	4枚	黄緑（板締め染め和紙）
葉大	6.5cm×6.5cm	3枚	もみこうぞぼかし
葉小	5cm×5cm	3枚	もみこうぞぼかし
つる	2cm×35cm	2枚	黄緑（板締め染め和紙）
柄	3cm×7cm	1枚	白（こうぞ）
ホタル	2.5cm×5cm	4枚	赤黒（両面和紙）
光り	1.5cm×1.5cm	4枚	黄（こうぞ）
色紙	27.3cm×24.2cm	1枚	玉虫銀せん
絵の具			クリーム色

【色紙の構図】

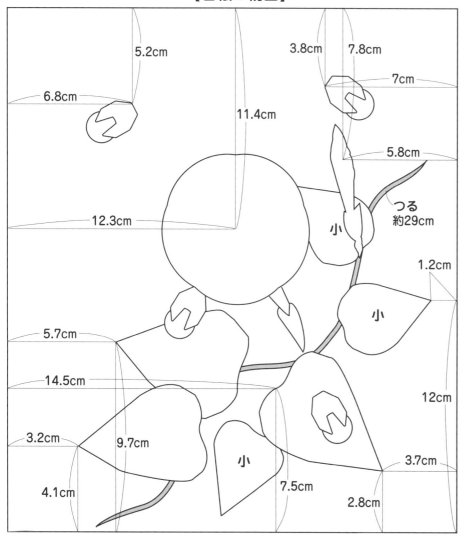

葉

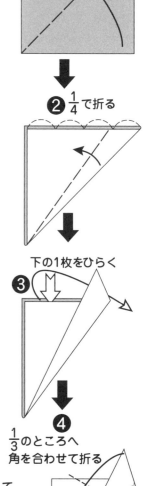

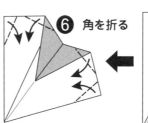

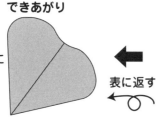

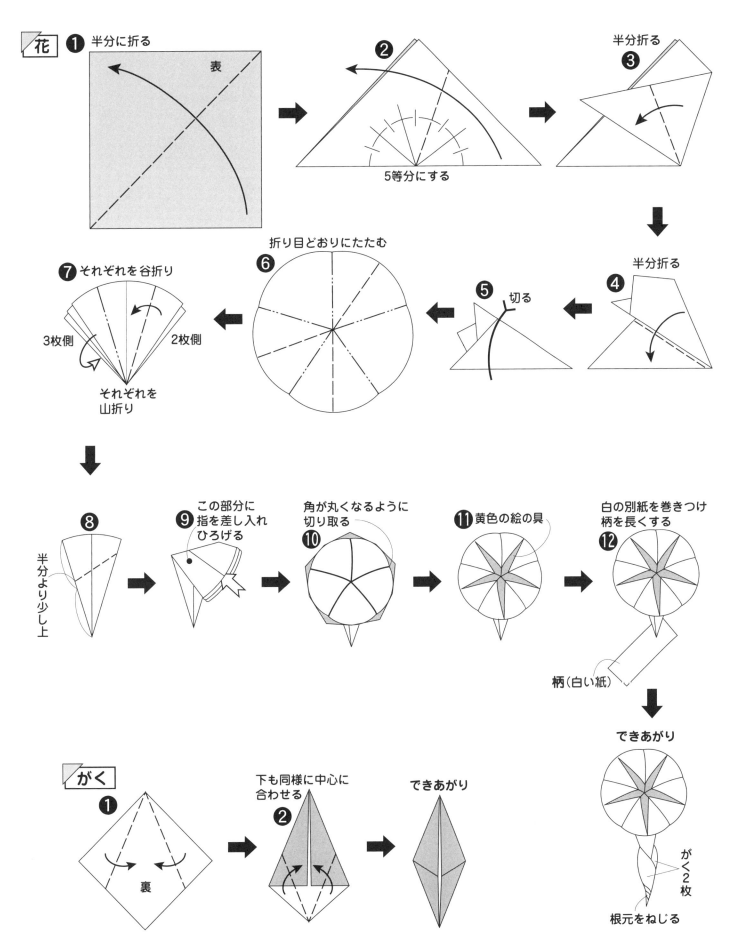

14ページ 19番　夕顔とホタル

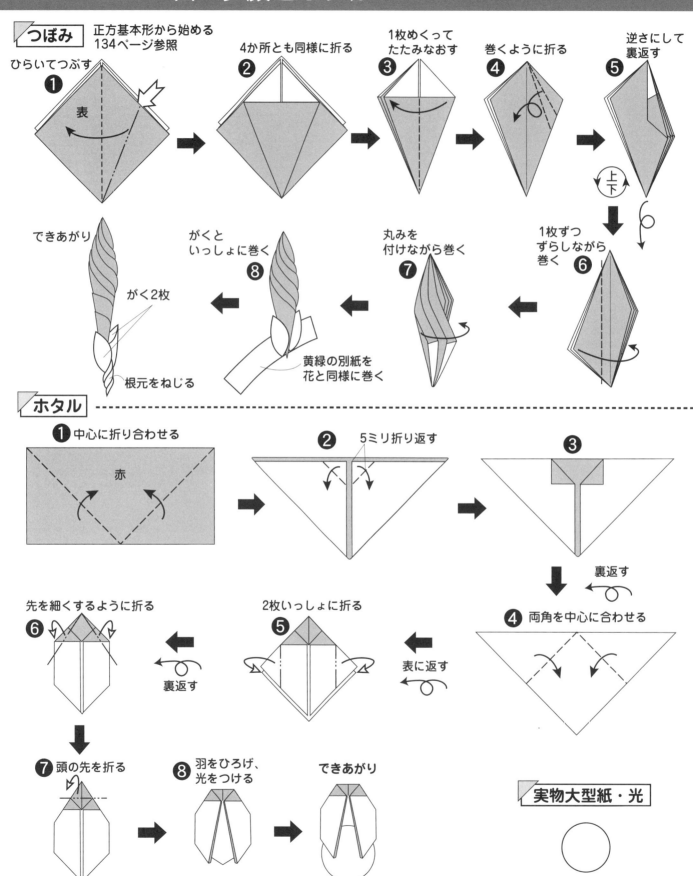

15ページ20番 クレマチス

【材料】

花	10cm×10cm	6枚	薄いピンク (板締め染め和紙)
花芯A	2.5cm×6cm	3枚	白 (板締めうす口)
花芯A	1cm×6cm	3枚	濃いピンク (こうぞ)
花芯B	1.5cm×5cm	3枚	黄 (こうぞ)
茎	1.5cm×30cm	6枚	茶 (板締め染め和紙)
葉大	4cm×4cm	12枚	緑 (板締め染め和紙)
葉小	3cm×3cm	5枚	緑 (板締め染め和紙)
色紙	27.3cm×24.2cm	1枚	水色 (コットン)

★花の折り方＝74、75ページを参照して下さい。

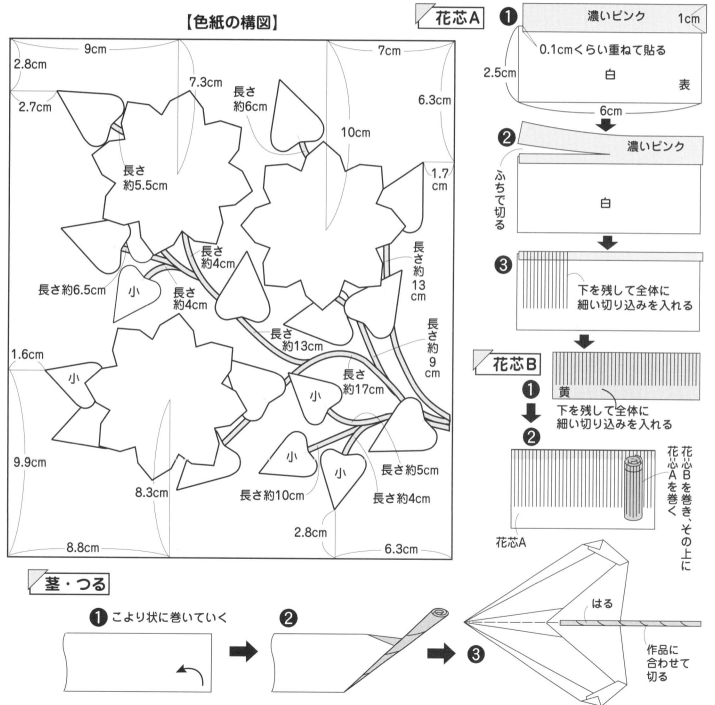

15ページ 20番　クレマチス

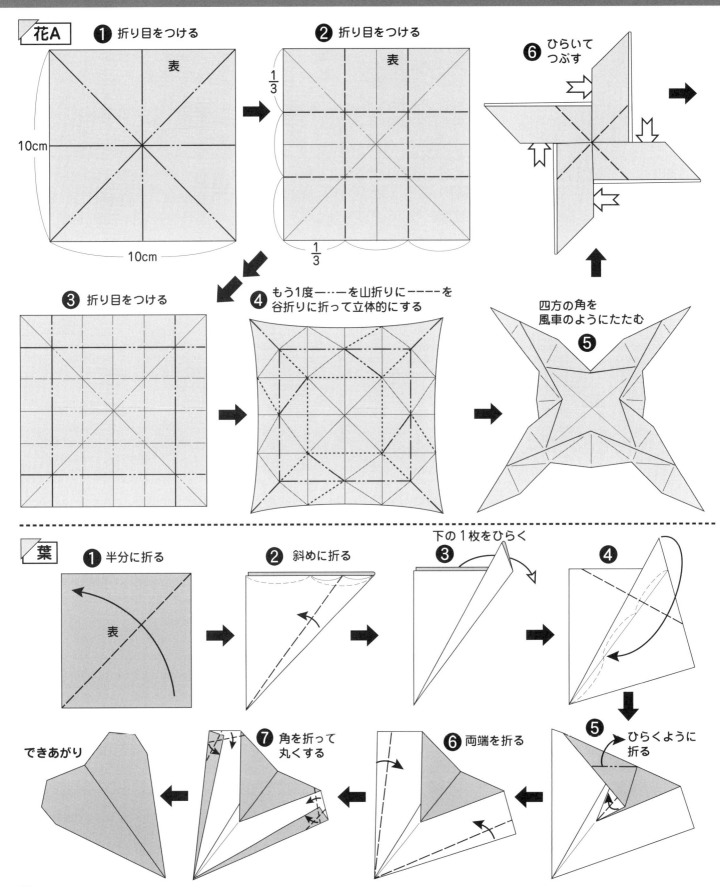

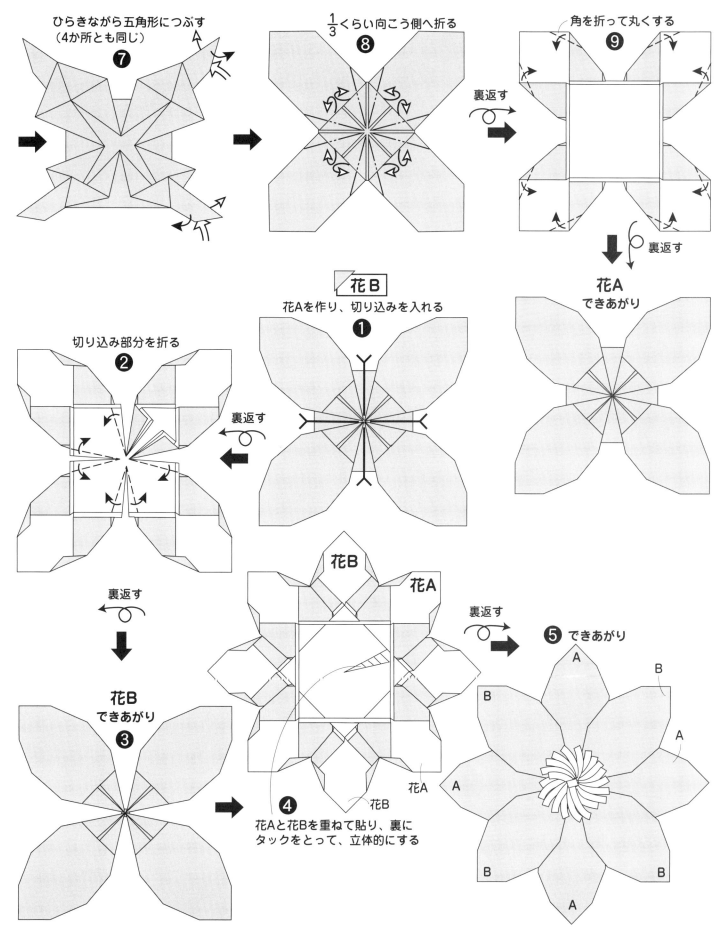

16・17ページ 21・22番 金魚のモビール／金魚

【材料】●金魚のモビール
金魚	15cm×15cm	2枚	赤（メッシュ折り紙）
金魚	15cm×15cm	2枚	オレンジ（メッシュ折り紙）
出目金	15cm×15cm	1枚	紺（メッシュ折り紙）
出目金	15cm×15cm	1枚	黒（メッシュ折り紙）
竹ひご	太さ0.3cm×18.5cm	4本	（こげ茶）
クリップ	直径2.5cm	9個	

【材料】●金魚
金魚	15cm×15cm	3枚	赤（メッシュ折り紙）
金魚	15cm×15cm	1枚	オレンジ（メッシュ折り紙）
出目金	15cm×15cm	1枚	紺（メッシュ折り紙）
茎	1.5cm×30cm	3枚	緑（板締め染め和紙）
葉	3cm×3cm	21枚	緑（板締め染め和紙）
色紙	27.3cm×24.2cm	1枚	

【色紙の構図】

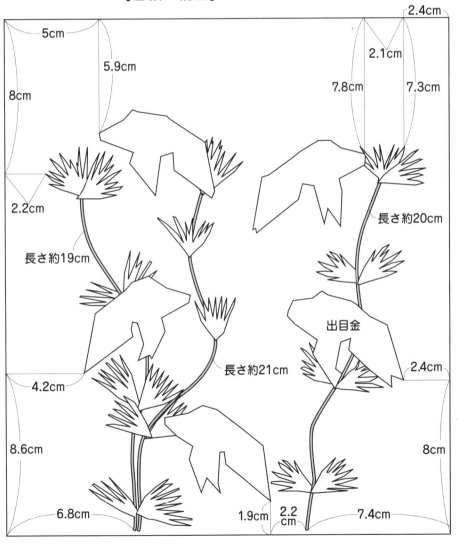

【実物大型紙・葉】

形は適当にアレンジして下さい

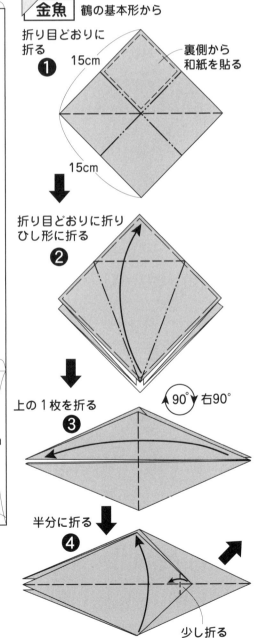

金魚　鶴の基本形から

❶ 折り目どおりに折る／裏側から和紙を貼る

❷ 折り目どおりに折りひし形に折る

❸ 上の1枚を折る／90°右90°

❹ 半分に折る／少し折る

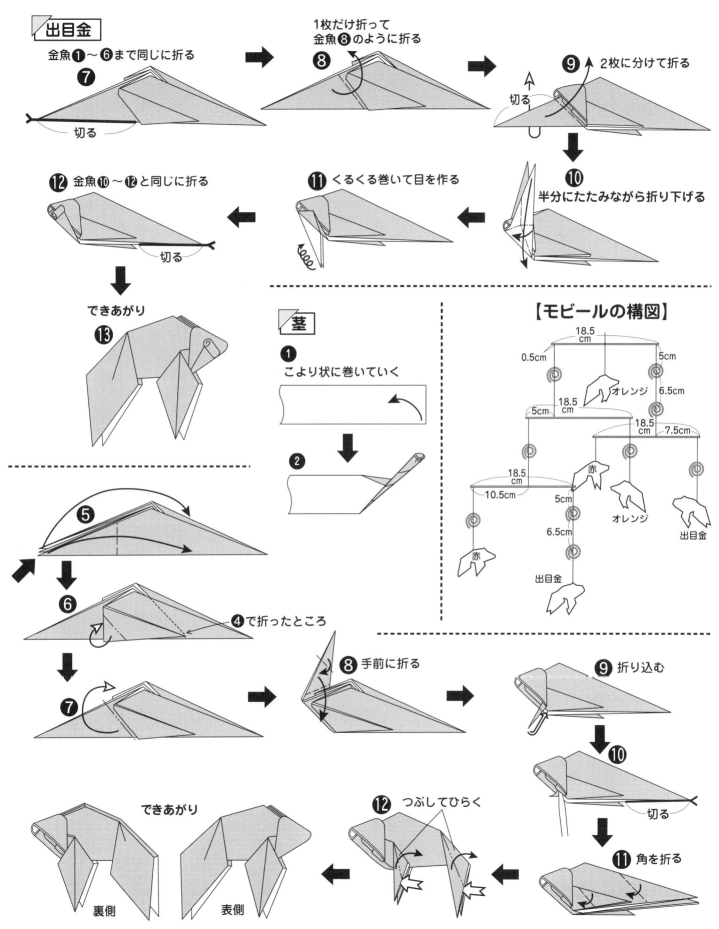

18ページ 23番 ひまわり

【材料】 タペストリー

花大	18cm×18cm	2枚	黄（板締め染め和紙）
花小	16cm×16cm	2枚	黄（板締め染め和紙）
花芯	12cm×12cm	4枚	茶（板締め染め和紙）
厚紙	直径5.5cm	2枚	
厚紙	直径5cm	2枚	
茎	2cm×30cm	3枚	緑（板締め染め和紙）
葉大	6.5cm×6.5cm	3枚	緑（板締め染め和紙）
葉小	5.5cm×5.5cm	5枚	緑（板締め染め和紙）
枝	0.6cm×4cm	4枚	緑（板締め染め和紙）
タペストリー	43cm×30cm	1枚	紺（裏打ちもみ紙）
棒	直径1.2cm×30cm	2本	
丸ひも	太さ0.2cm×65cm	1本 紺	

★タペストリーの作り方は138ページを参照して下さい。
★花芯、茎、枝の作り方は80ページを参照して下さい。

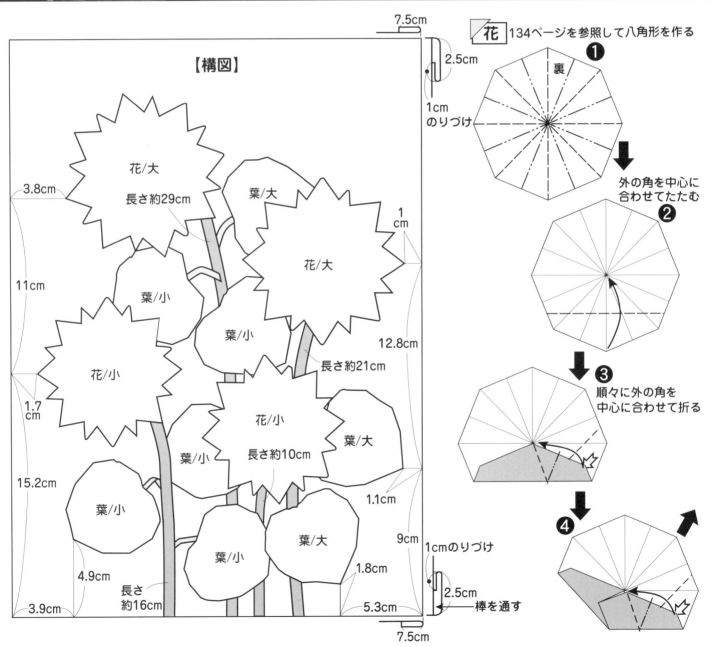

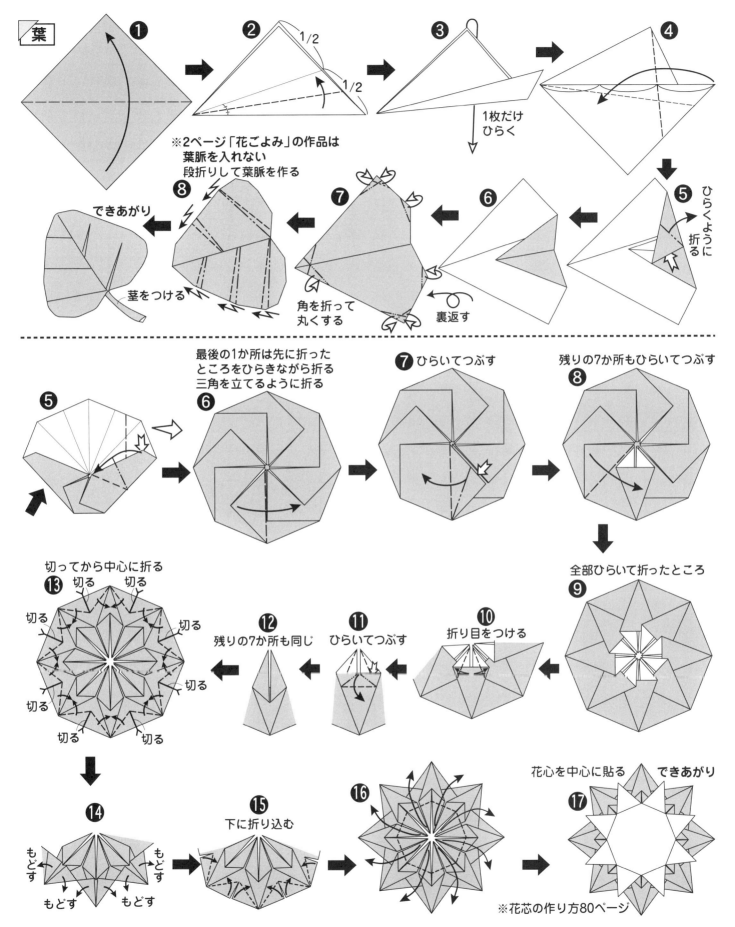

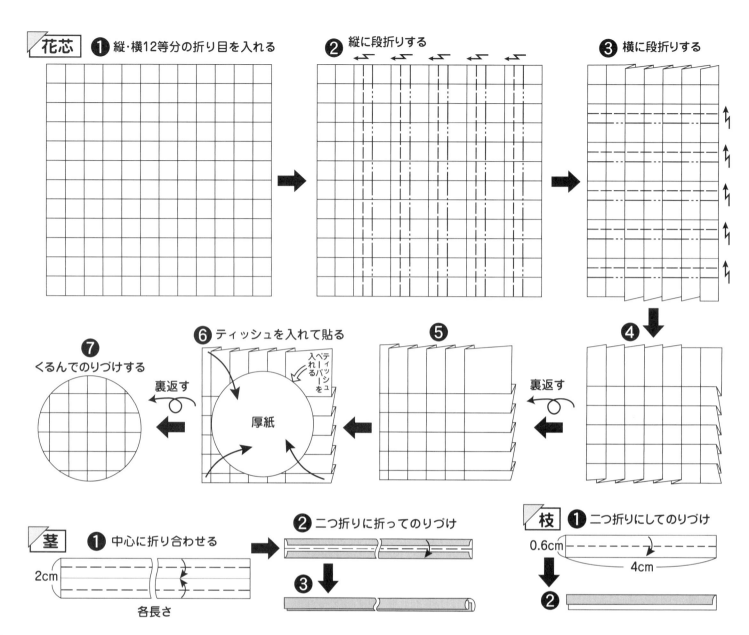

19ページ 24番 ひまわり（ペーパーウェイト）

【材料】
ペーパーウェイト

花大	18cm×18cm	1枚	黄（板締め染め和紙）
花小	16cm×16cm	1枚	黄（板締め染め和紙）
花芯	12cm×12cm	2枚	茶（板締め染め和紙）
石	2個		

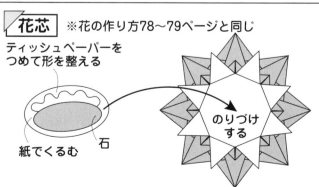

27ページ 36番 カトレア（ミニ色紙）

【材料】
花　　15cm×15cm　　1枚　オレンジ濃淡の染め分け和紙
　　　※花は82〜83ページの蘭の花を参照
茎　　1.5cm×15cm　　1枚　黄緑（板締め染め和紙）
葉　　4cm×8cm　　　1枚　緑（板締め染め和紙）
色紙　13.6cm×12.1cm　1枚

【色紙の構図】

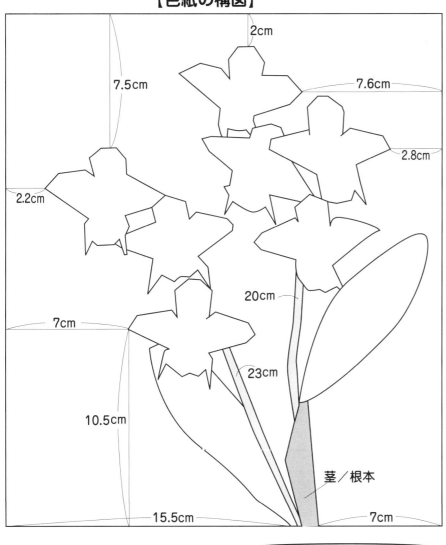

【色紙の構図】

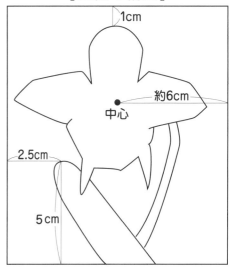

実物大型紙・葉

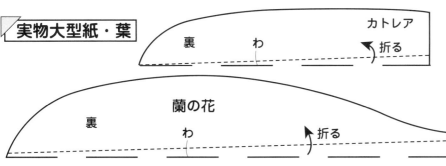

茎　三つ折りにしてのりづけする

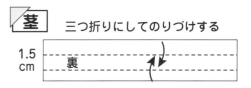

茎／根元　※蘭の花

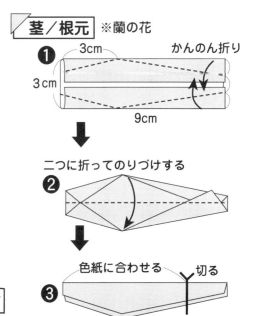

蘭の花 27ページ 35番

【材料】
- 花　　　　　10cm×10cm　　　　7枚　白と濃いピンクの染め分け和紙
  - ★花は134ページ「たとう」の❹まで折って始めます。
- 茎／根本　　6cm × 9cm　　　　　1枚　緑（板締め染め和紙）
- 茎　　　　　1.2cm×25cm　　　　2枚　黄緑（板締め染め和紙）
- 葉　　　　　13cm×4.5cm　　　　2枚　緑（板締め染め和紙）
- 色紙　　　　27.3cm×24.2cm　　 1枚

★色紙の構図、葉、茎の作り方は81ページ参照

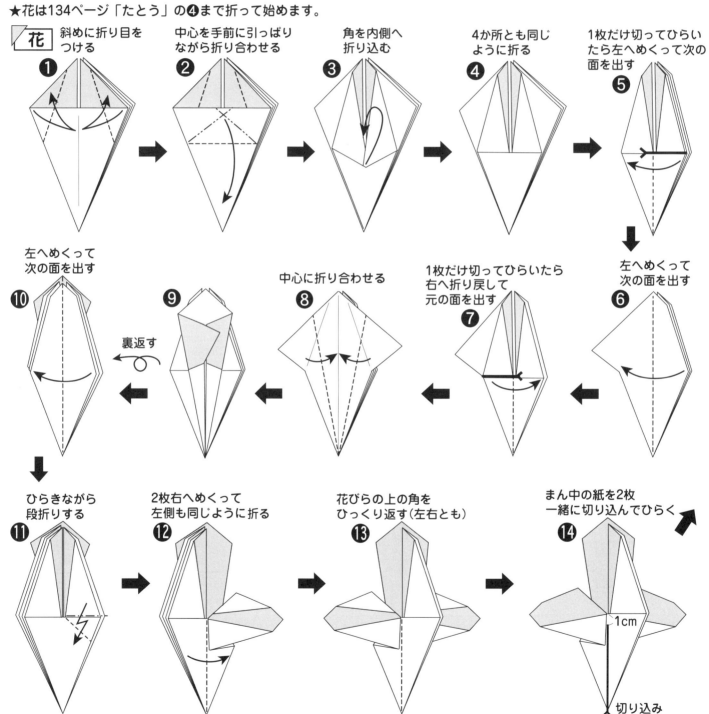

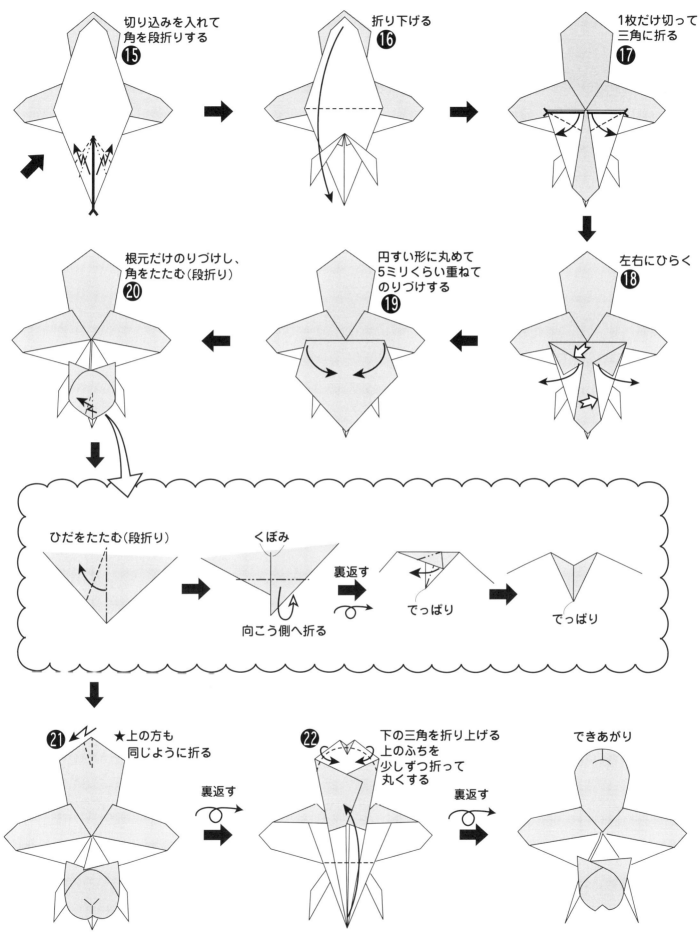

19ページ25番 すいれん

【材料】

花大	6cm×6cm	10枚	ピンク(板締め染め和紙)
花小	5cm×5cm	10枚	ピンク(板締め染め和紙)
つぼみ	5cm×5cm	6枚	黄緑(板締め染め和紙)
茎	2cm×15cm	1枚	緑(板締め染め和紙)
葉大	9cm×9cm	2枚	緑(板締め染め和紙)
葉中	7.5cm×7.5cm	1枚	緑(板締め染め和紙)
葉小	6cm×6cm	2枚	緑(板締め染め和紙)
色紙	27.3cm×24.2cm	1枚	

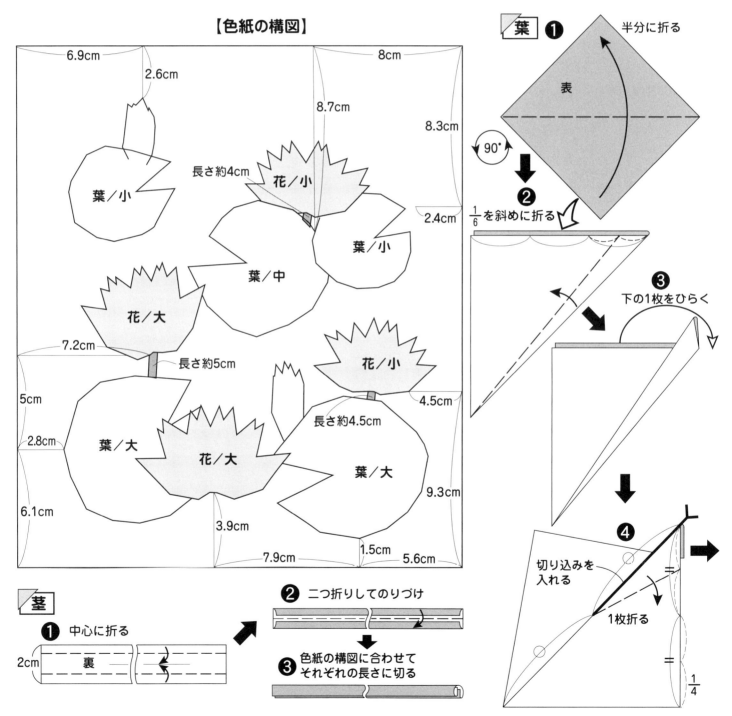

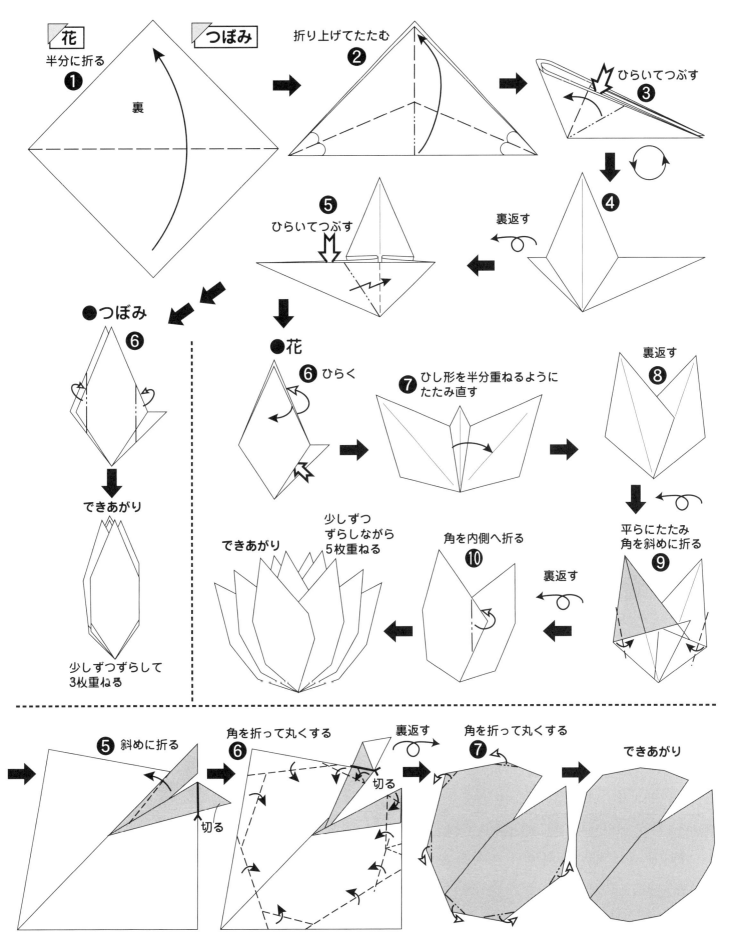

21ページ27番 バッタ
21ページ28番 バッタのブローチ

【色紙の構成図（実物大）】

【材料】
バッタ（1体分）4cm×30cm　1枚　山吹色または緑(こうぞ)
色紙　　　　　 7.5cm×7.5cm　1枚　白×緑
●ブローチは、裏にブローチピンをボンドで付けます

| バッタ | 三つ折りして、しっかりのりづけする

❶

❷ 半分に折る（のりづけしない）

6cm残して輪の側に1ミリくらいの幅で切り込みを入れて軸をつくり
軸を中に巻き込んで❹のように6〜7cmの輪を作る

❸ 1ミリ　　6cm

❹ 手前の1枚で軸を巻くように編む　　6〜7cm　軸

❺ 引っ張って締める

❻ 締めたところ　裏返す

❼ 反対側も同じように編む

❽ 引っ張って締める

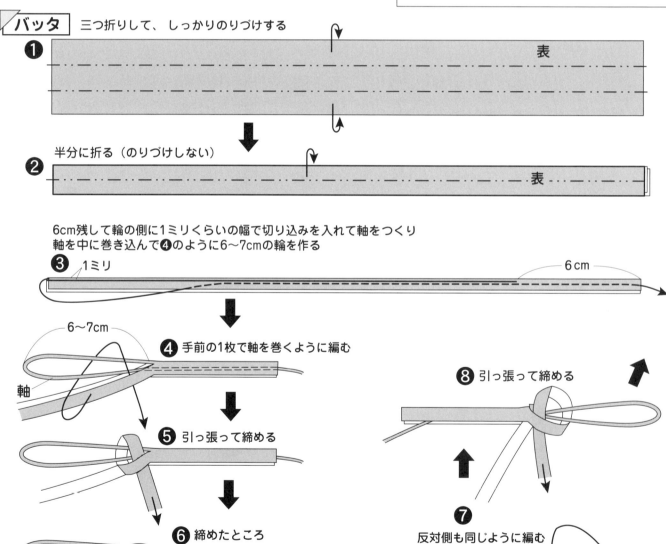

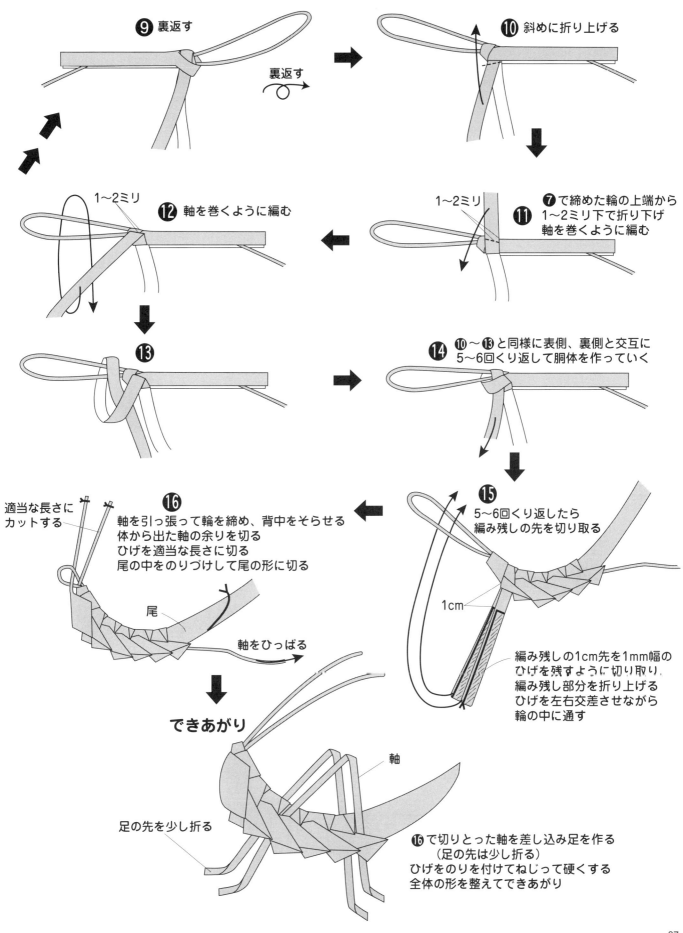

22ページ 30番 月うさぎ

【材料】

うさぎA	15cm×15cm	2枚	白（こうぞ）
うさぎB	12cm×12cm	1枚	白（こうぞ）
耳のうらうちA	4cm×4cm	4枚	ピンク（こうぞ）
耳のうらうちB	3cm×3cm	2枚	ピンク（こうぞ）
すすき穂(B)	3cm×3cm	3枚	金（たまむし紙）
葉	1.5cm×8.5cm〜12cm	4枚	緑（板締め染め紙）
茎	1.5cm×10cm	5枚	緑（板締め染め紙）
色紙	27.3cm×24.2cm	1枚	

★すすき穂(B)、葉の作り方＝91ページ、茎＝92ページ

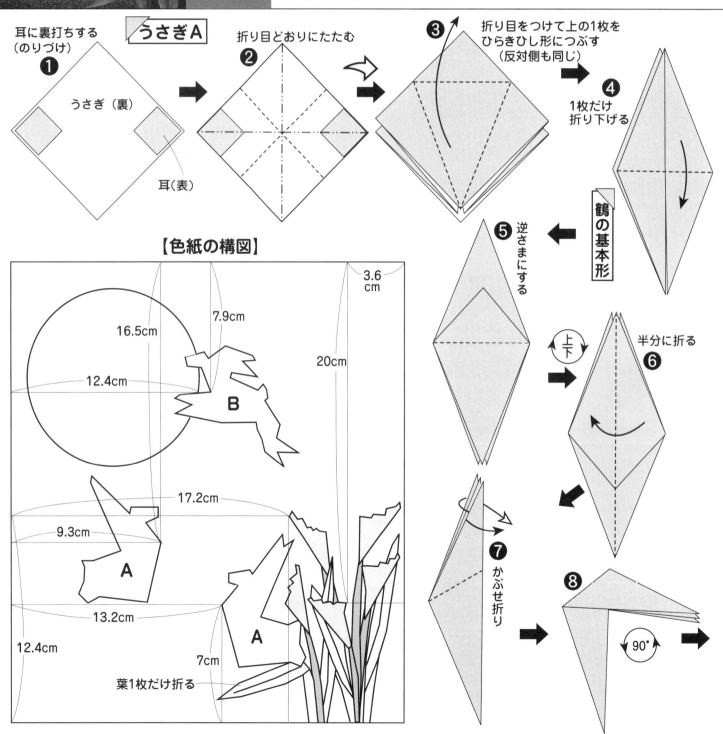

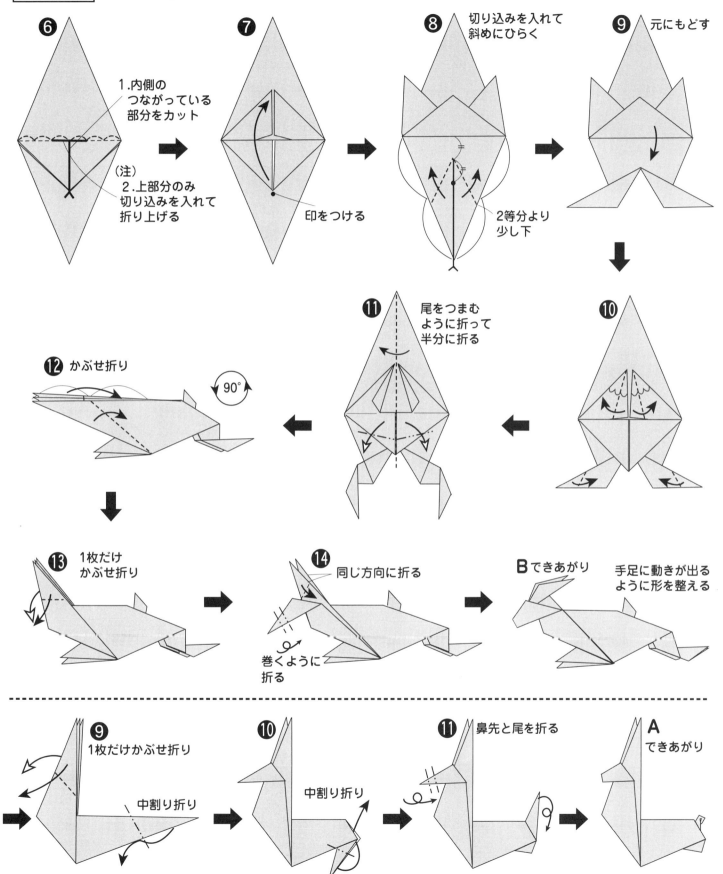

20ページ 26番 ぶどう

【材料】

実	3.5cm×3.5cm	10枚	紫系（板締め染め紙）
葉大	7.5cm×7.5cm	1枚	緑（板締め染め紙）
葉中	7cm×7cm	1枚	黄緑（板締め染め紙）
葉小	6cm×6cm	1枚	黄緑（板締め染め紙）
茎	1.5cm×2cm～14cm	3枚	茶（板締め染め紙）
蔓（つる）	1.5cm×20cm	1枚	茶（板締め染め紙）
色紙	27.3cm×24.2cm	1枚	

【色紙の構図】

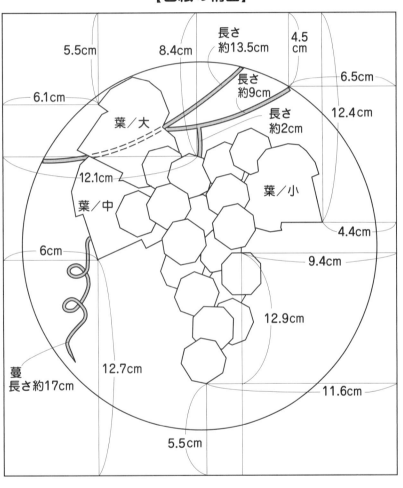

ぶどうの実

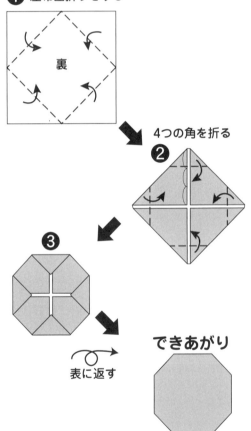

① 座布団折りをする
② 4つの角を折る
③ 表に返す
できあがり

茎

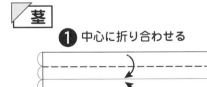

① 中心に折り合わせる
② 二つ折りしてのりづけ
③

蔓

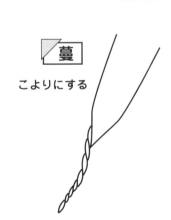

こよりにする

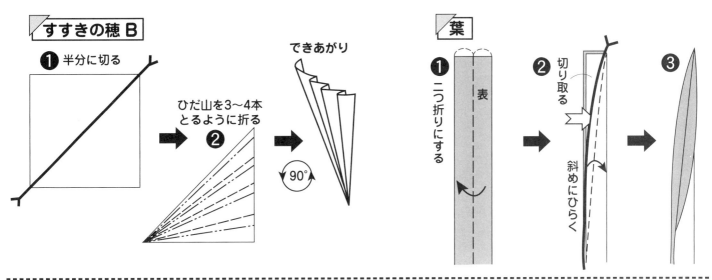
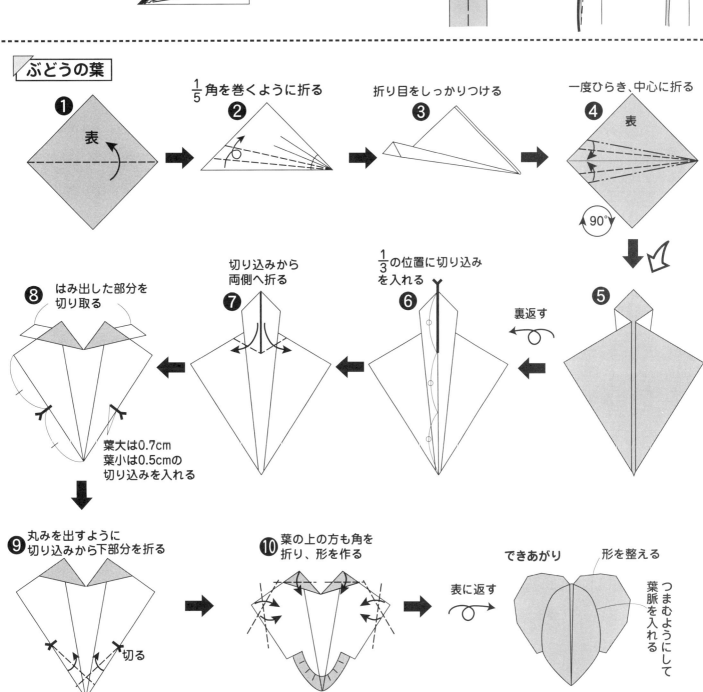

21ページ 29番 赤とんぼ

【材料】

とんぼ大	6cm×6cm	1枚	茶(板締め染め和紙)
とんぼ小	5cm×5cm	1枚	茶(板締め染め和紙)
すすきの穂A	1.5cm×1.5cm	22枚	梨地和紙
茎	1.5cm×20cm	2枚	緑(板締め染め和紙)
葉	2cm×16cm～25cm	4枚	緑(板締め染め和紙)
葉	2cm×16cm～25cm	4枚	黄緑(板締め染め和紙)

※ 葉は緑の間に黄緑の葉を挟んで作る

| 短冊 | 36.3cm×7.5cm | 1枚 | ぼかし |

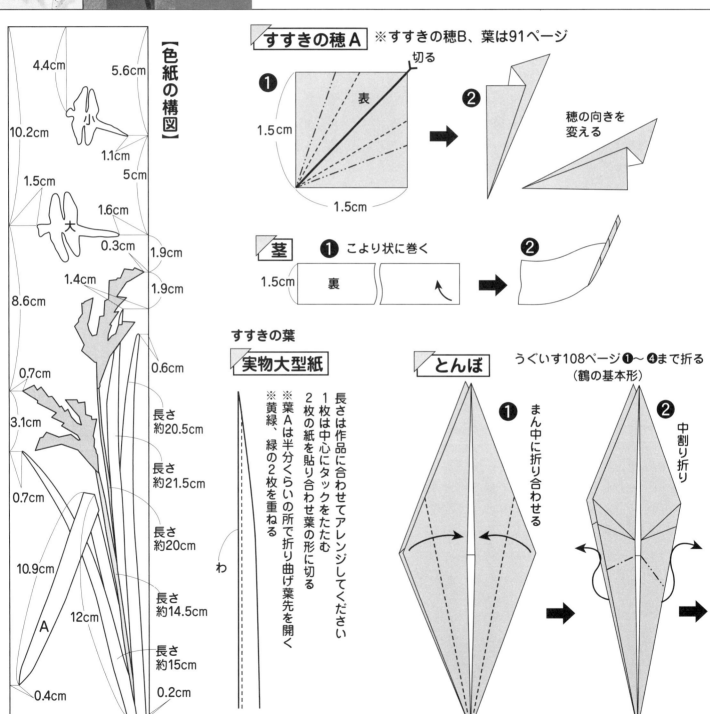

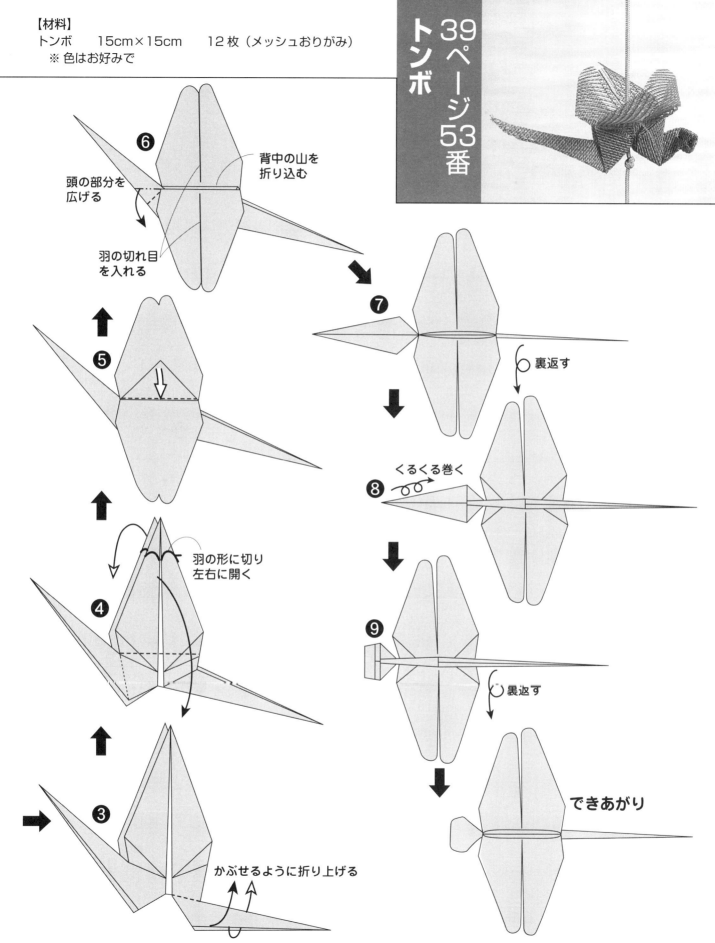

23ページ31番
お月見

【材料】
- ●ききょう
  - 花　　　6cm×6cm　　　5枚　紫（板締め染め和紙）
  - 花芯A　1.5cm×1.5cm　5枚　黄（板締め染め和紙）
  - 花芯B　1cm×5cm　　　5枚　黄緑（板締め染め和紙）
  - つぼみ大　4cm×4cm　　2枚　紫（板締め染め和紙）
  - つぼみ小　3cm×3cm　　1枚　黄緑（板締め染め和紙）
  - がく　　1.5cm×1.5cm　3枚　緑（板締め染め和紙）
  - 葉　　　3cm×3cm　　14枚　緑（板締め染め和紙）
  - 茎　　　1.5cm×25cm　3枚　黄緑（板締め染め和紙）
- ●すすき
  - 穂(B)　1.5cm×1.5cm　25枚　生成り（梨地和紙）
  - 葉　　　2cm×11cm　　2枚　緑（板締め染め和紙）
  - 葉　　　2cm×21cm　　5枚　緑（板締め染め和紙）
  - 月　　　直径9.5cm　　1枚　黄（板締め染め和紙）
  - 茎　　　1.5cm×18cm　6枚　緑（板締め染め和紙）
- ●色紙　27.3cm×24.2cm　1枚　深緑系（パール）

★ききょうの花・がくの折り方＝94〜95ページを参照
★ききょう、すすきの茎の作り方＝92ページを参照
★すすきの穂、葉の作り方＝91ページを参照

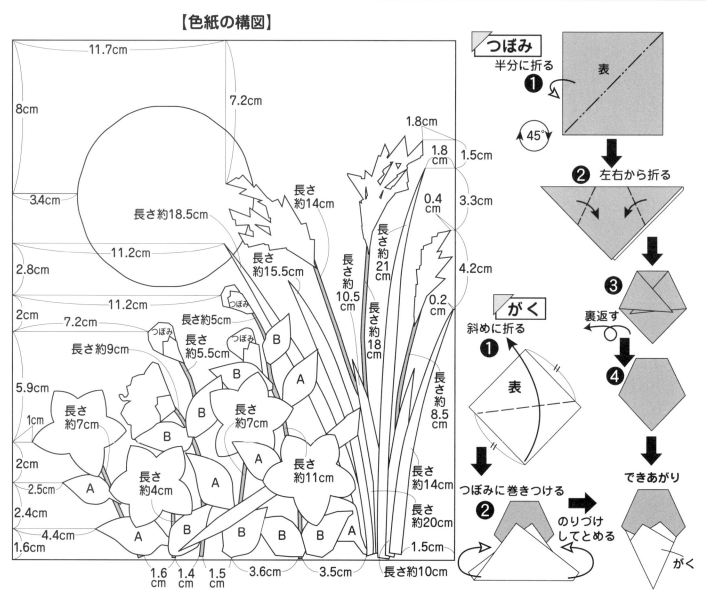

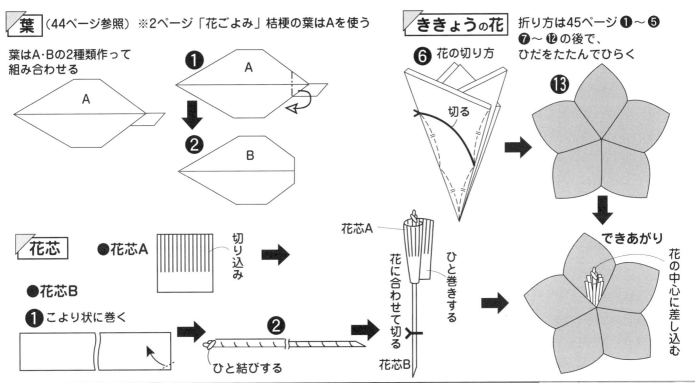

31ページ 44番 羽子板に梅（ミニ色紙）

【材料】

羽子板上	12cm×7cm	1枚	肌色（こうぞ）
羽子板下	12.5cm×7.5cm	1枚	金（メタル）
●梅 花上	2cm×2cm	2枚	濃いピンク（もみこうぞ）
花下	2cm×1cm	2枚	濃いピンク（もみこうぞ）
花芯A	1cm×1.5cm	2枚	黄（こうぞ）
つぼみ	1cm×1cm	2枚	濃いピンク（こうぞ）
がく	1.5cm×1.5cm	2枚	茶（板締め染め和紙）
枝D	1cm×10cm	2枚	茶（板締め染め和紙）

★花、つぼみ、がく、枝の折り方＝110、111ページ参照
★花芯の折り方＝95ページ参照

●竹	2cm×2cm	2枚	黄緑（板締め染め和紙）
●羽	5cm×5cm	1枚	オレンジ（板締め染め和紙）
●羽の玉	4cm×4cm	1枚	黒（こうぞ）
●色紙	13.6cm×12.1cm	1枚	ぼかし

★竹の折り方は106ページを参照して下さい。
★羽の折り方は100〜101ページのシクラメンの花を参照して下さい。
　ただし、四すみは折らずに作ります。
★羽の玉は角を折って丸く形作ります。

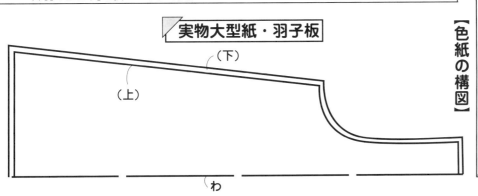

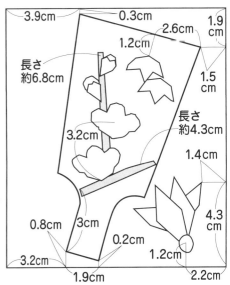
【色紙の構図】

24ページ 32番 かぐや姫

【材料】
―かぐや姫―

着物	13.5cm×13.5cm	1枚	ピンク地に柄(友禅染め和紙)
重ねA	14cm×14cm	1枚	赤(こうぞ)
重ねB	14.5cm×14.5cm	1枚	ピンク(こうぞ)
重ねC	15cm×15cm	1枚	緑(こうぞ)
顔	4cm角の半分の三角	1枚	白(こうぞ) 三角に半分に切る
髪A	3cm×8cm	1枚	黒(こうぞ)
髪B	10cm×4cm	1枚	黒(こうぞ)

―ききょう―

花	6cm×6cm	5枚	紫(板締め染め和紙)
花芯A	1cm×1cm	5枚	黄(板締め染め和紙)
花芯B	1.5cm×5cm	5枚	黄緑(板締め染め和紙)
つぼみ	3cm×3cm	2枚	紫(板締め染め和紙)
つぼみ	3cm×3cm	1枚	黄緑(板締め染め和紙)
がく	1.5cm×1.5cm	4枚	緑(板締め染め和紙)
茎	1.5cm×25cm	3枚	茶(こうぞ)
葉	3cm×3cm	12枚	茶(板締め染め和紙)
●色紙	27.3cm×24.2cm	1枚	満月黒(コットン)

★ききょうの折り方は94~95ページを参照して下さい。
　茎の作り方は92ページを参照して下さい。
★かぐや姫の髪の作り方は51ページを参照して下さい。

【色紙の構図】

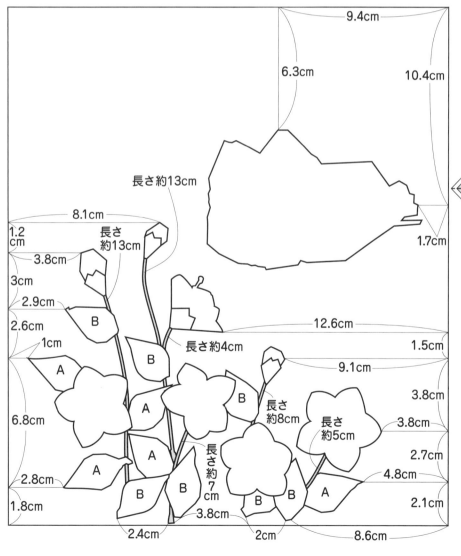

かぐや姫 ※着物は4枚重ねて折る

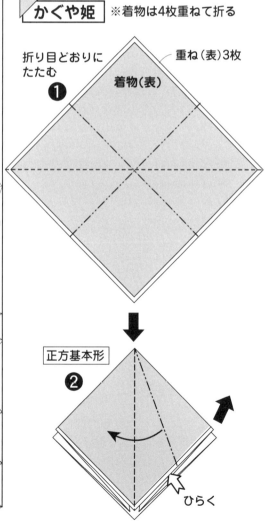

① 折り目どおりにたたむ　着物(表)　重ね(表)3枚

② 正方基本形　ひらく

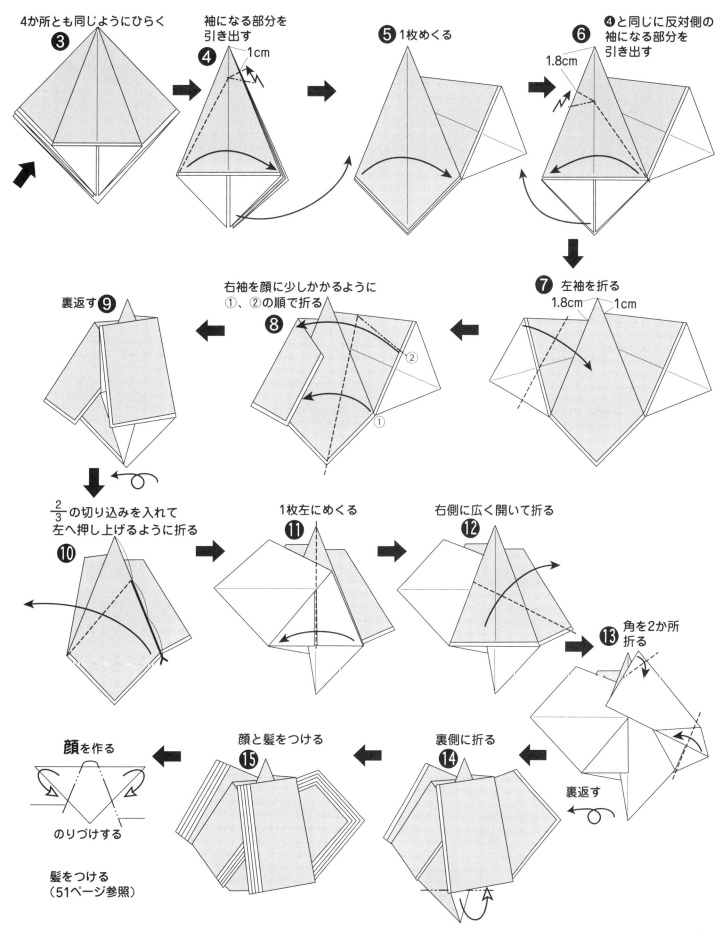

26ページ 34番 シクラメン

【材料】

花	9cm×9cm	6枚	濃いピンク (板締め染め和紙)
つぼみ	7cm×7cm	2枚	濃いピンク (板締め染め和紙)
がく	2cm×2cm	2枚	茶 (板締め染め和紙)
茎	1.2cm×15cm	8枚	茶 (板締め染め和紙)
葉大	7.5cm×7.5cm	5枚	緑 (板締め染め和紙)
葉小	6cm×6cm	5枚	緑 (板締め染め和紙)
鉢	23.5cm×23.5cm	1枚	黄土色 (しぼり染め和紙)
色紙	27.3cm×24.2cm	1枚	黒 (コットン)

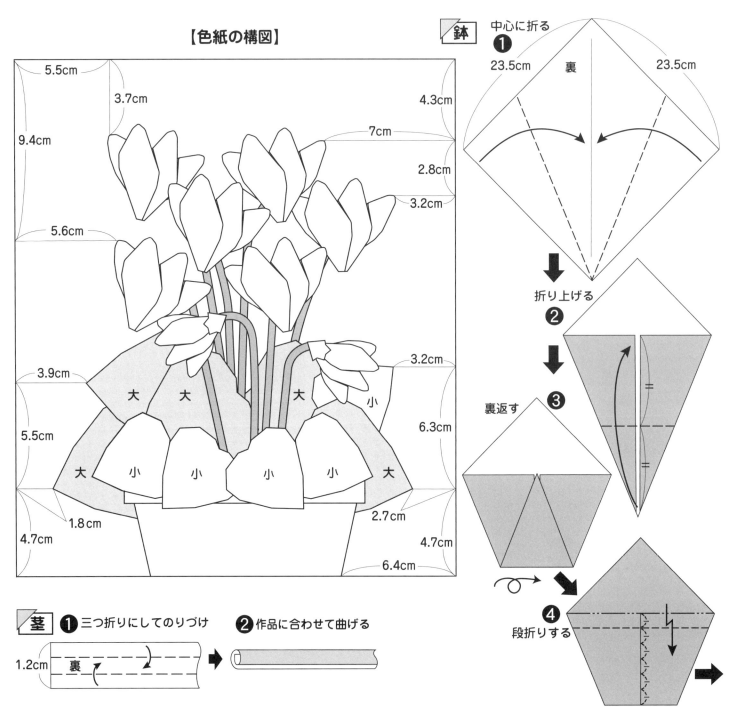

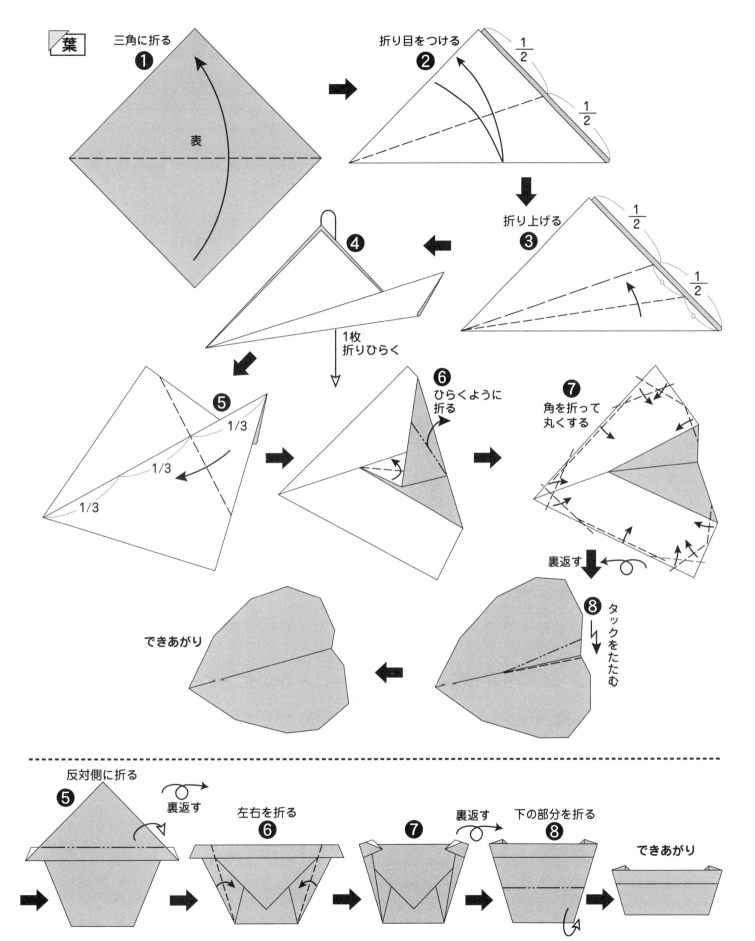

26ページ 34番　シクラメン

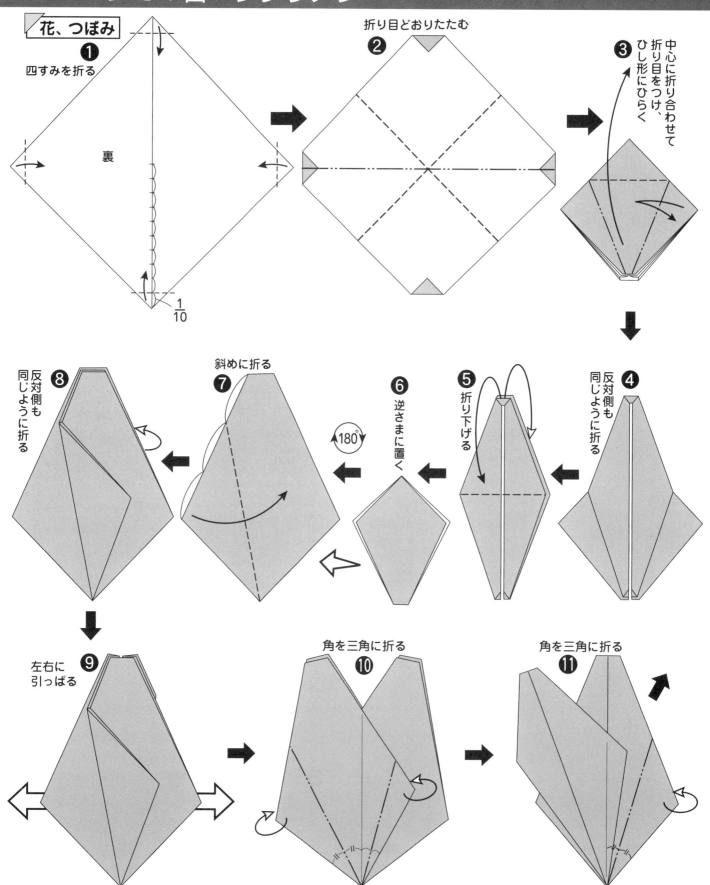

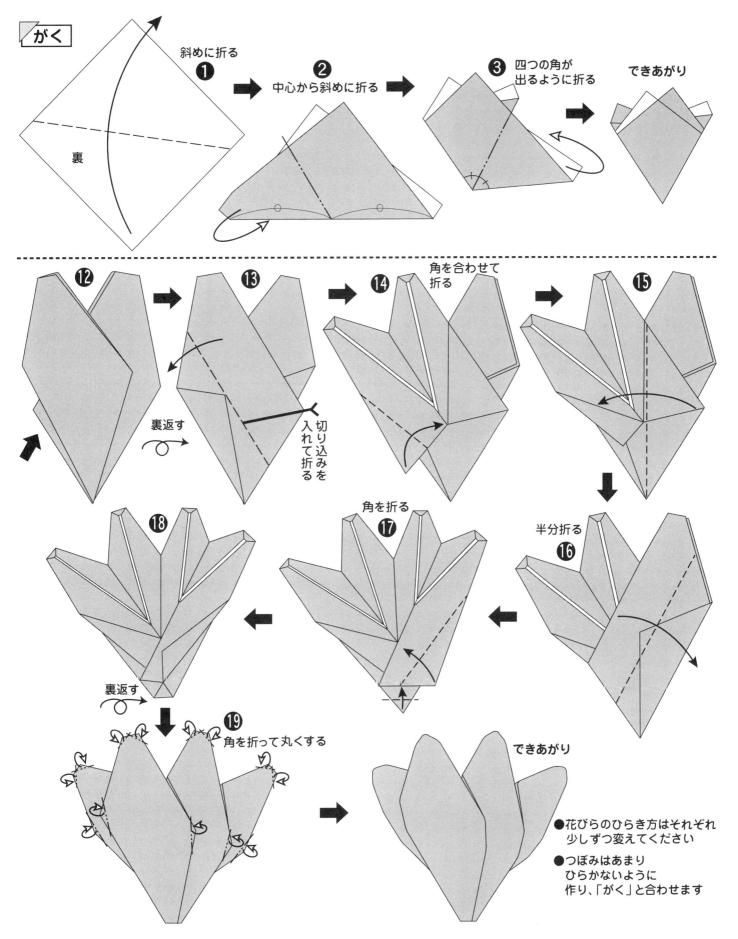

30ページ41番 獅子舞

【材料】

上半身	15cm×15cm	1枚	黒（こうぞ）
下半身	13cm×13cm	1枚	黒（こうぞ）
帯 A	3.5cm×5cm	1枚	黒（こうぞ）
帯 B	3.5cm×10.5cm	1枚	黒（こうぞ）
顔	3.5cm×3.5cmの半分の三角形	1枚	肌色（こうぞ）
髪	1.2cm×0.7cm	1枚	黒（こうぞ）
てぬぐい	1.2cm×4.5cm	1枚	白（こうぞ）
獅子の頭	10cm×10cm	1枚	赤金両面和紙
獅子の胴A	15cm×15cmの半分の三角形	1枚	友禅染め和紙
獅子の胴B	15cm×15cm	1枚	友禅染め和紙
竹	4.5cm×4.5cm	2枚	黄緑に金雲（強制紙）
梅 花上	3cm×3cm	2枚	赤に砂子（強制紙）
梅 花上	3cm×3cm	1枚	白に砂子（強制紙）
梅 花下	1.5cm×3cm	2枚	赤に砂子（強制紙）
梅 花下	1.5cm×3cm	1枚	白に砂子（強制紙）
花芯	1.2cm×1.5cm	3枚	黄（こうぞ）
松	6cm×6cm	1枚	緑に金雲（強制紙）
松の枝	0.6cm×7cm	2枚	茶（板締め和紙）
色紙	27.3cm×24.2cm	1枚	

★上半身、下半身、帯の折り方は104、105ページ
★松、竹、の折り方は106ページ
★梅の折り方は110、111ページ

31ページ43番 獅子舞飾り

【材料】

獅子の頭	8.5cm×8.5cmの半分の三角形	1枚（赤金両面和紙）
獅子の胴	7.5cm×7.5cm	1枚（友禅染め和紙）
表（たとう）	18×18cm	1枚（友禅染め和紙）
重ね（たとう）	18×18cm	1枚（こうぞ色無地）

★たとうの折り方は135ページ
★獅子の折り方は103ページ

【色紙の構図】

（寸法: 9.8cm、6.5cm、11.2cm、4.5cm、4.4cm、13.2cm、6.8cm、7.4cm、10.4cm、4.2cm、11cm、9.3cm、1.8cm、5.3cm、9.7cm、3.2cm、6.8cm、17.2cm）

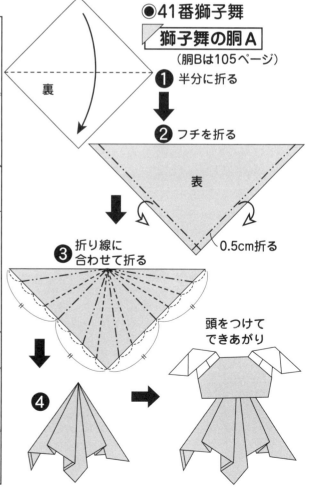

● 41番獅子舞
獅子舞の胴A
（胴Bは105ページ）

① 半分に折る
② フチを折る　0.5cm折る
③ 折り線に合わせて折る
④
頭をつけてできあがり

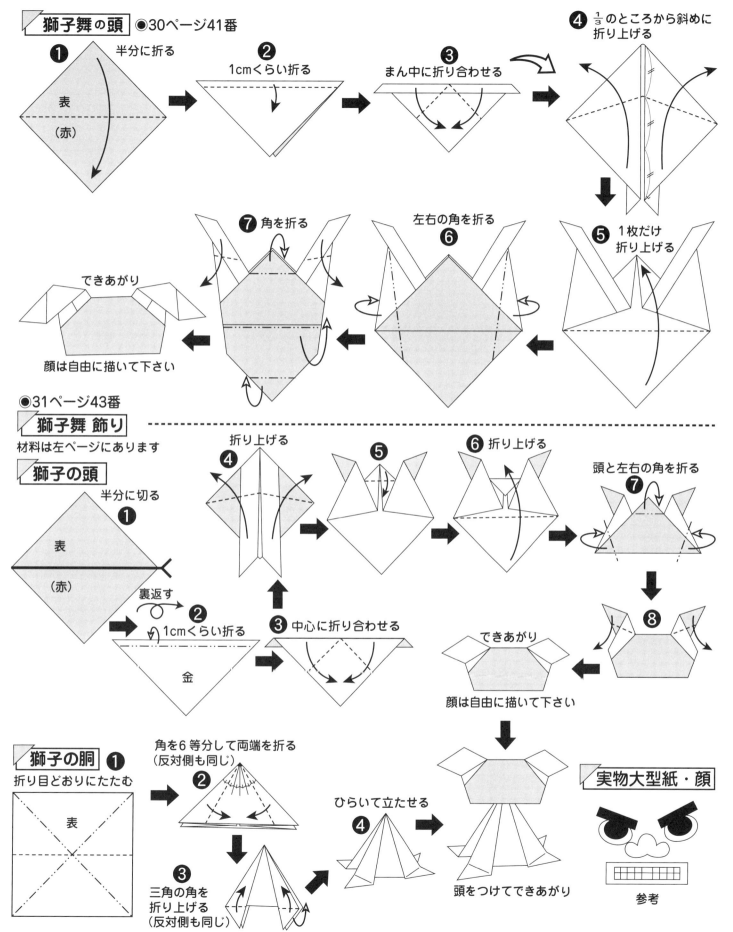

30ページ 41番 獅子舞

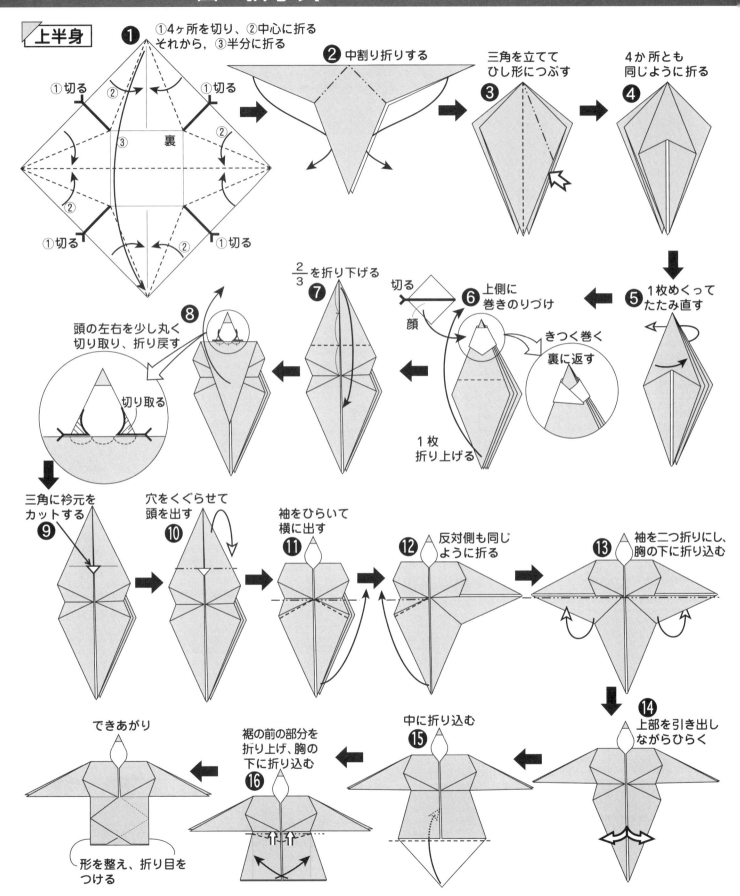

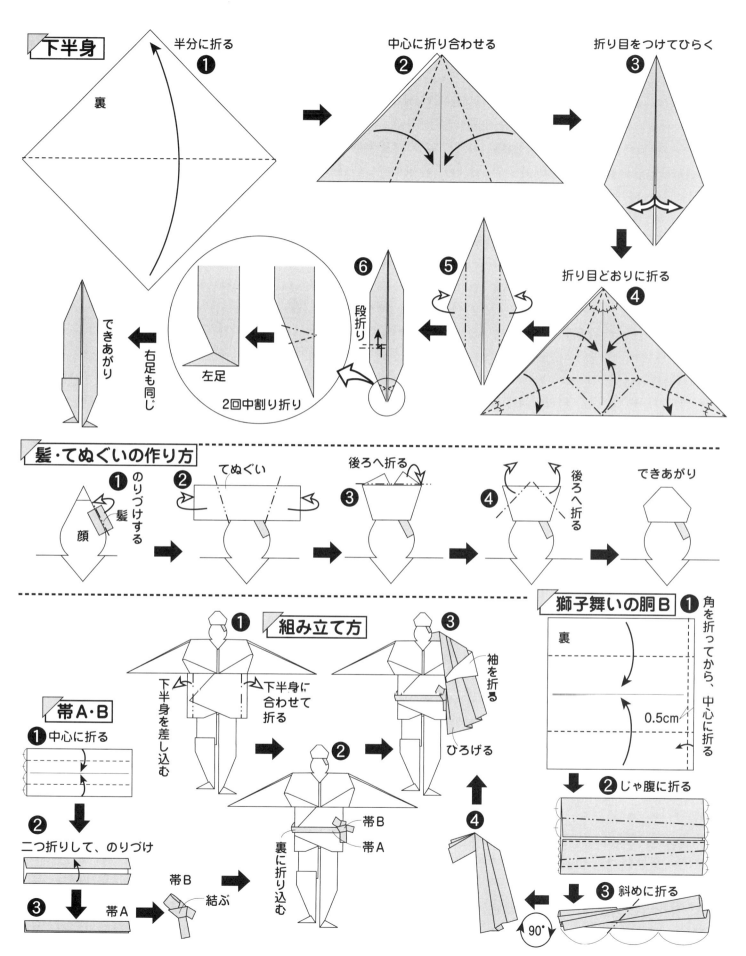

30ページ 41番 獅子舞

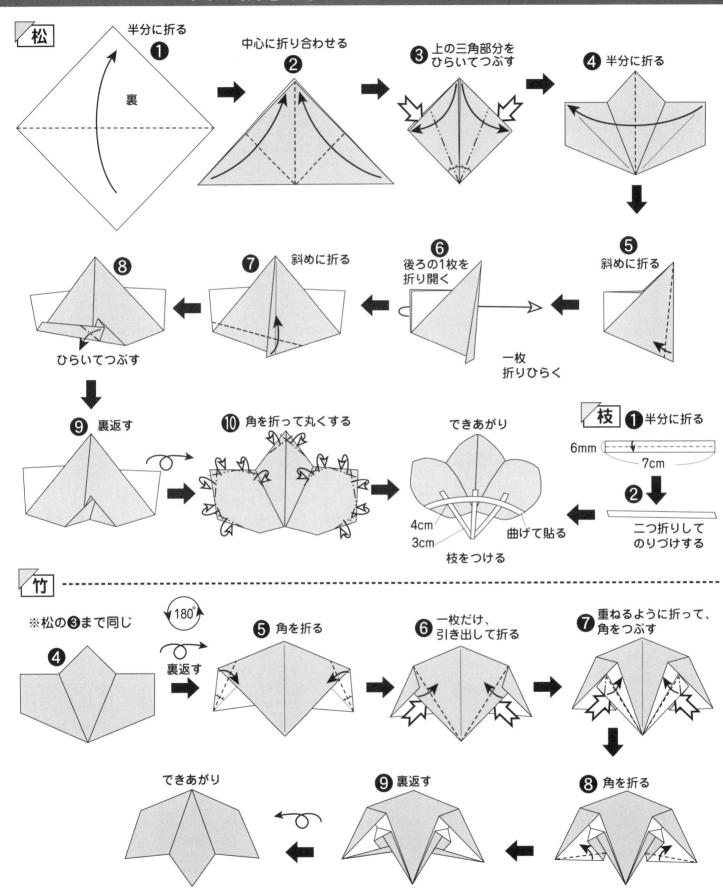

菊姫 25ページ 33番

【材料】

－菊姫－

頭・体	15cm×15cm	1枚	白（こうぞ）
着物	13.5cm×13.5cm	1枚	赤地に柄（もみ友禅染め和紙）
重ねA	14cm×14cm	1枚	ピンク（こうぞ）
重ねB	14.5cm×14.5cm	1枚	黄緑（こうぞ）
重ねC	15cm×15cm	1枚	オレンジ（こうぞ）
衿	1cm×8cm	1枚	オレンジ（こうぞ）
長衣の衿	3cm×10cm	1枚	ピンク（こうぞ）
袴	15cm×15cm	1枚	赤（こうぞ）
髪A	3cm×8cm	1枚	黒（こうぞ）
髪B	4cm×10cm	1枚	黒（こうぞ）

－菊－

花	6cm×6cm	5枚	紅（板締め染め和紙）
花	6cm×6cm	2枚	白（こうぞ）
花芯	3cm×3cm	7枚	黄（板締め染め和紙）
葉	3.5cm×2cm	10枚	緑（板締め染め和紙）
色紙	27.3cm×24.2cm	1枚	

★お姫さまの折り方は48～51ページを参照して下さい。
★菊の折り方は78,79ページを参照して下さい。

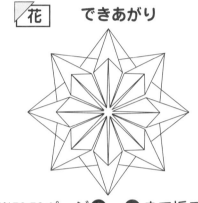

花　できあがり

※78,79ページ ❶～⓯まで折る

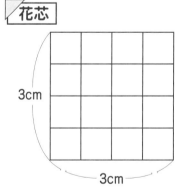

花芯

縦・横4等分の折り目を入れて80ページと同じに折る

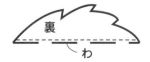

実物大型紙・葉

中心にタックをたたむ

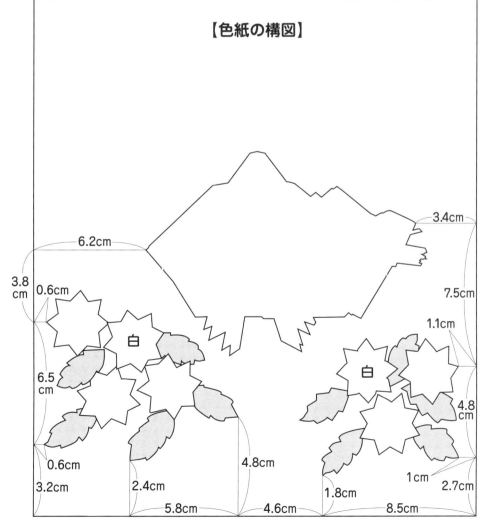

【色紙の構図】

32ページ 45番 梅にうぐいす

【材料】

部位	寸法	枚数	色（紙）
花上	3cm×3cm	5枚	濃いピンク（もみこうぞ）
花上	3cm×3cm	10枚	白（もみこうぞ）
花下	1.5cm×3cm	5枚	濃いピンク（もみこうぞ）
花下	1.5cm×3cm	10枚	白（もみこうぞ）
花芯	1.2cm×3cm	15枚	白（もみこうぞ）
花芯	0.5cm×3cm	15枚	黄（もみこうぞ）
つぼみ	1.5cm×1.5cm	14枚	白（もみこうぞ）
つぼみ	1.5cm×1.5cm	7枚	濃いピンク（もみこうぞ）
がく	1.8cm×1.8cm	13枚	茶（板締め染め和紙）
枝A	4cm×5cm	1枚	焦げ茶（板締め染め和紙）
枝B	2.5cm×18cm	1枚	焦げ茶（板締め染め和紙）
枝C	6cm×3cm	1枚	焦げ茶（板締め染め和紙）
枝D	1.5cm×10cm	1枚	焦げ茶（板締め染め和紙）
枝中	0.7cm×10cm	6枚	焦げ茶（板締め染め和紙）
枝細	0.5cm×3cm	3枚	焦げ茶（板締め染め和紙）
うぐいす	13.5cm×13.5cm	1枚	黄緑（板締め染め和紙）
色紙	27.3cm×24.2cm	1枚	金せん

★梅の花作り方は＝110～111ページを参照して下さい。

【色紙の構図】

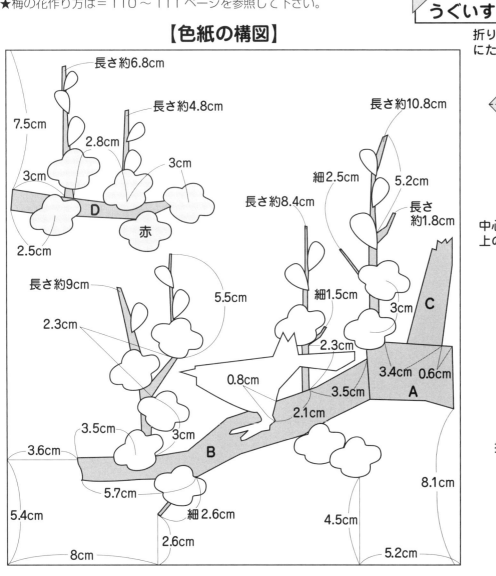

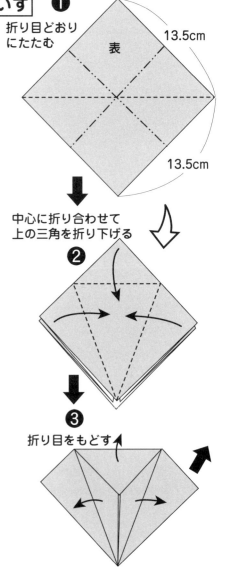

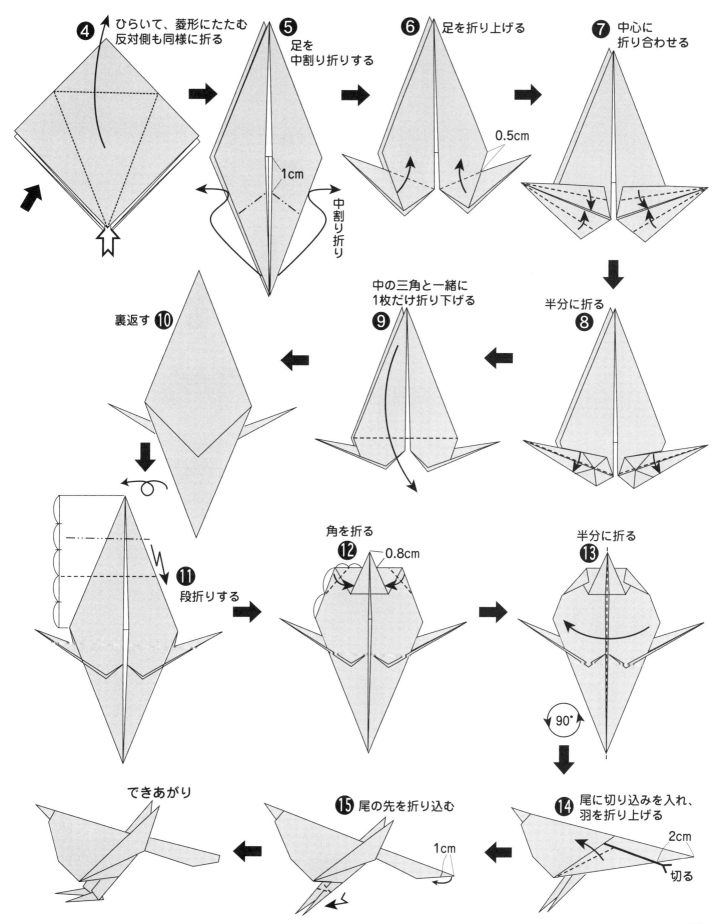

32ページ 45番 梅にうぐいす

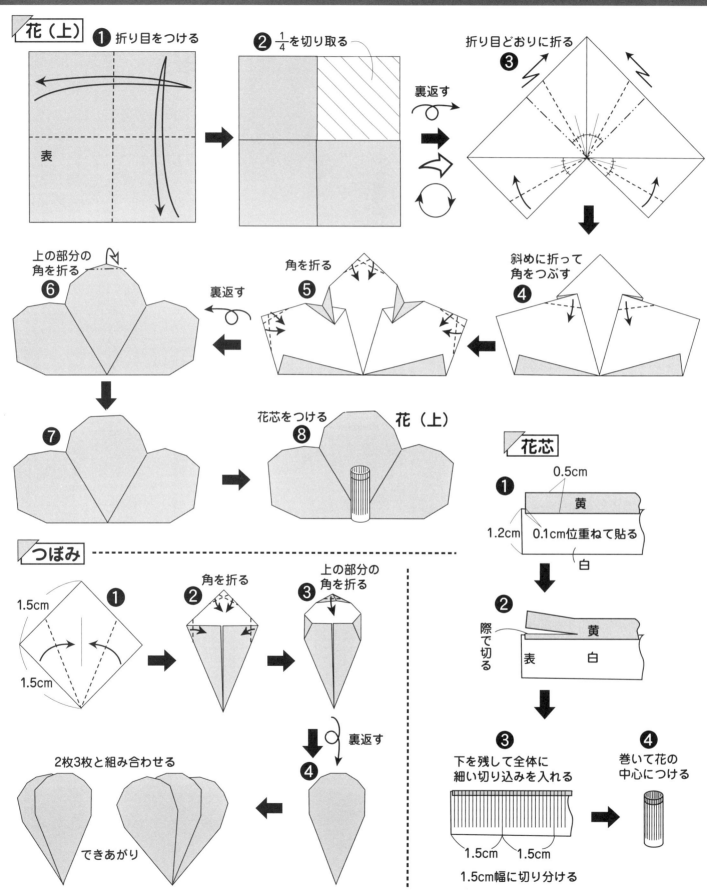

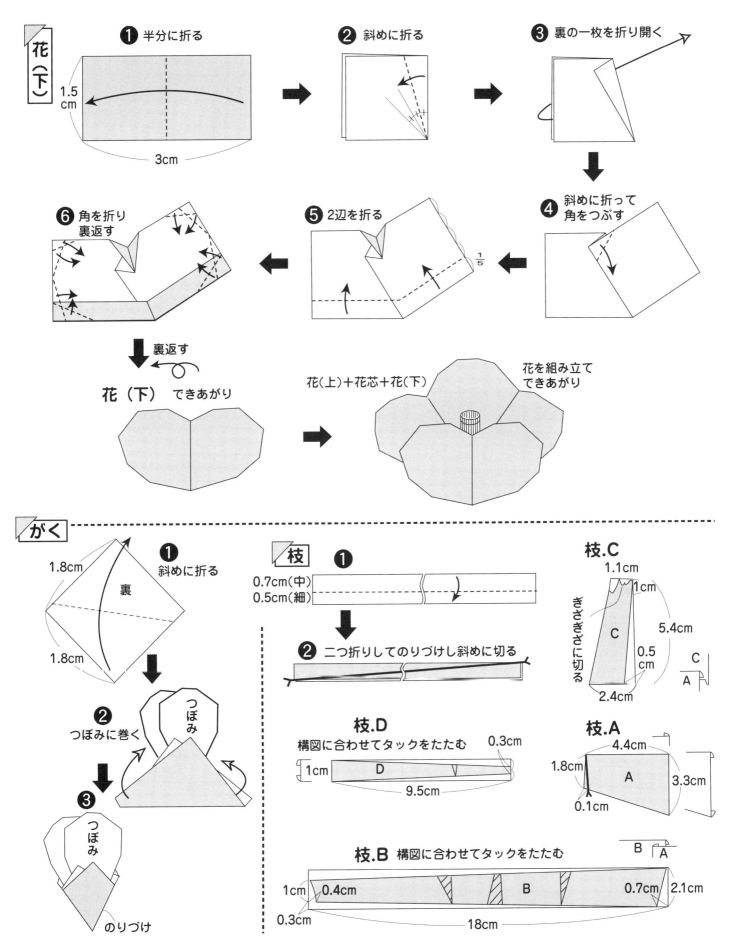

29ページ40番 ツリー（ミニ色紙）

【材料】

葉	15cm×7.5cm	3枚	緑（折り紙）
葉	15cm×7.5cm	3枚	黄緑（折り紙）
幹	15cm×7.5cm	1枚	茶（折り紙）
プレゼント	3.5cm×5cm	1枚	水色（折り紙）
プレゼント	2.5cm×3cm	1枚	ピンク（折り紙）
プレゼント	4cm×3cm	1枚	白（折り紙）
プレゼント	3.5cm×3.5cm	1枚	白（折り紙）
プレゼント	3cm×3cm	1枚	青（折り紙）
星	2cm×2cm	2枚	金（折り紙）
リボン	0.5cm×15cm	各1枚	青・赤・ピンク・オレンジ・水色（折り紙）
雪	直径0.6cm	7枚	白（折り紙）
ツリー飾り	直径0.6cm	8枚	（ホイル折り紙）
色紙	13.6cm×12.1cm	1枚	

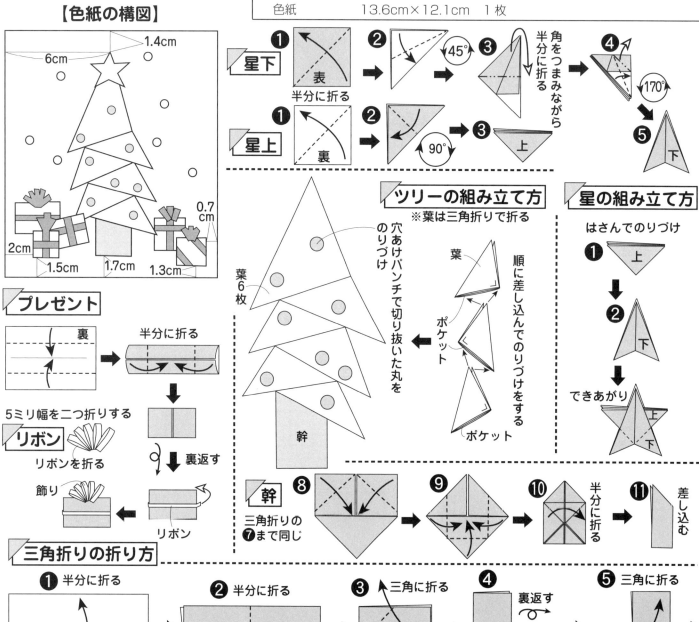

29ページ39番 クリスマスリース（ミニ色紙）

【材料】

リース	7.5cm×3.75cm	16枚	緑（15cmの折り紙2枚）
リース	7.5cm×3.75cm	16枚	黄緑（15cmの折り紙2枚）
ロウソク	3cm×3cm	1枚	赤（裏が白）
ロウソク台	3cm×4cm	1枚	金（メタル和紙）
リボン	2cm×7.5cm	1枚	赤（こうぞ）
クリスマスネーム	12cm×6cm	1枚	白（折り紙）
シール	直径0.6cm	11枚	（ホイル折り紙）
色紙	13.6cm×12.1cm	1枚	

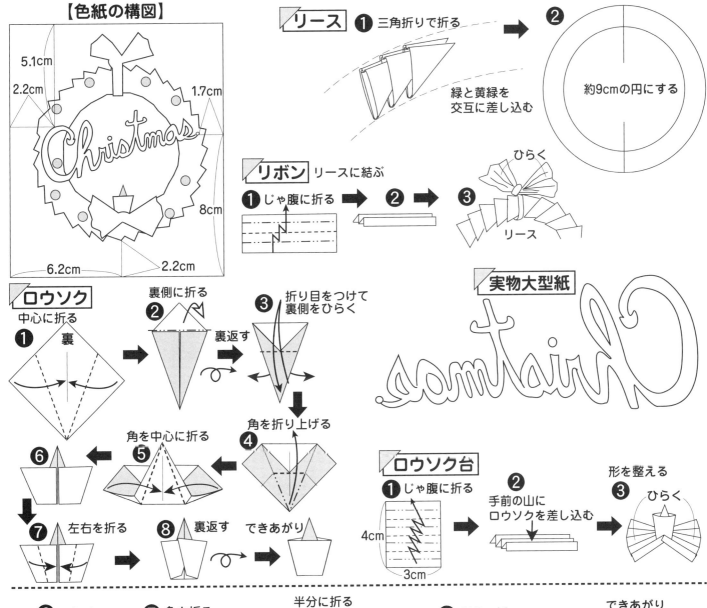

28ページ 37番 シスターと聖歌隊

【材料】 ※くすだま折り＝折り方は116ページ

シスター（1体分）
くすだま折り	12cm×12cm	2枚	黒（色画用紙）
くすだま折り	24cm×24cm	1枚	黒（色画用紙）
頭用	10cm×10cm	1枚	黒（色画用紙）
頭用	2cm×7cm	1枚	白（模造紙）
衿／立ち衿用	8cm×6cm	1枚	白（模造紙）
十字架用	1cm×2cm	1枚	金（メタル和紙）
発泡ボール	直径3cm	1個	
#34ワイヤー	10cm		金
#22 地巻きワイヤー	5cm	2本	白　●楊枝　2本

聖歌隊（1体分）
くすだま折り	9cm×9cm	2枚	（包装紙）
くすだま折り	18cm×18cm	1枚	（包装紙）
帽子用	5cm×5cm	1枚	青（折り紙）
衿／立ち衿用	8cm×8cm	1枚	白（模造紙）
髪用	4cm×9cm	1枚	茶（クレープ紙）
楽譜用	5cm×4cm	1枚	黄または桃（画用紙）
発泡ボール	直径2.5cm	1個	
#22 地巻きワイヤー	5cm	2本	白　●楊枝　1本
ピアノ	25cm×25cm	1枚	黒（色画用紙）
けんばん	2.6cm×10.5cm	1枚	白（模造紙）

【実物大型紙】

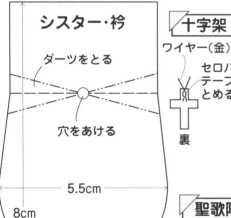

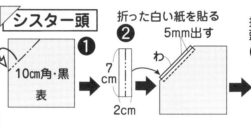

【シスター頭】
① 10cm角・黒 表
② 7cm 2cm 折った白い紙を貼る 5mm出す
③ 折り線で折り、頭に貼りつける
④ 発泡ボールにシスターの帽子を貼り 顔を書く

【聖歌隊頭】
① つまようじ
② 後ろ髪（4cm×6cm）を貼る。のりづけは頭の上部のみにする
　前髪（2cm×3cm）を貼りつけ、顔を描く
③ 帽子を貼りつける 重ねた部分にはさんで貼る

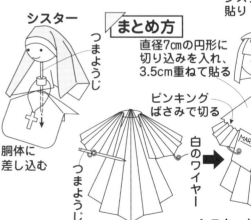

【まとめ方】
シスター：つまようじ／胴体に差し込む
聖歌隊：直径7cmの円形に切り込みを入れ、3.5cm重ねて貼る／ピンキングばさみで切る／差し込む／白のワイヤー
胴体と袖を糸でつなぎ、手を袖の内側に貼りつける
シスターと同様に胴体と袖を糸でつなぐ手を袖の内側に貼りつけ、楽譜もつける

【組み立て図】

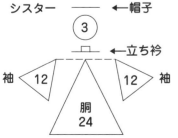

シスター ← 帽子
③　←立ち衿
袖 12　胴 24　12 袖

聖歌隊 ← 帽子
2.5　←立ち衿
袖 9　胴 18　9 袖

図の中の数字は紙の大きさです。（単位はcm）点線は糸でつなぎます。三角はくすだま折り、円は発泡ボール

【ピアノ】
① 半分に折る　裏
② 中心に折り目をつける

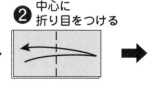

31ページ42番 晴れ着

【組み立て図】

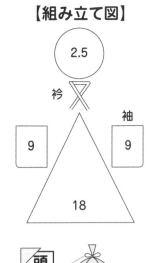

【材料】 1体分
くすだま折り	18cm×18cm	1枚	（友禅染め和紙）
袖用	9cm×9cm	2枚	（友禅染め和紙）
衿用	3cm×8cm	1枚	（友禅染め和紙）
重ね衿	1cm×7cm	2枚	色無地（こうぞ）
帯（たれ）	3cm×15cm	2枚	（友禅染め和紙）
髪用	5cm×9cm	1枚	黒（クレープ紙）
刺しゅう糸	少々		
楊枝	1本		
発泡ボール	直径2.5cm	1個	

くすだま折り＝116ページ
❶の次に対角線上の角を折る

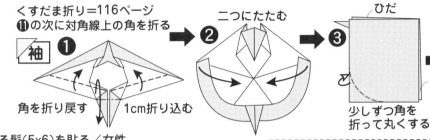

【頭】 刺しゅう糸で結ぶ

※前髪(2×3cm)を貼り、後ろ髪(5×6cm)を貼る／女性
　前髪(2×3cm)を貼り、後ろ髪(4×6cm)を貼る／男性

【衿と帯】 帯幅／男＝1cm、女＝2cm

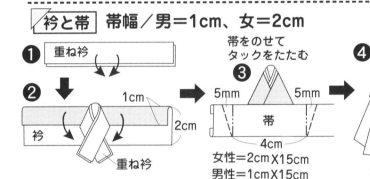

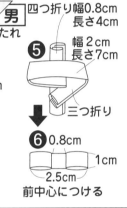

29ページ38番 クリスマスツリー

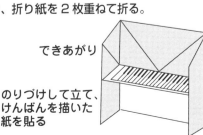

【組み立て図】

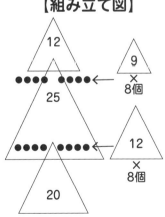

【材料】 ※星の作り方は112ページ
くすだま折り	25cm×25cm	1枚	緑（もみ紙）
くすだま折り	12cm×12cm	9枚	緑（もみ紙）
くすだま折り	12cm×12cm	9枚	緑（折り紙）
くすだま折り	9cm×9cm	8枚	緑（もみ紙）
くすだま折り	9cm×9cm	8枚	緑（折り紙）
くすだま折り	20cm×20cm	1枚	茶（もみ紙）
星用	4cm×4cm	2枚	金（メタル和紙）
リボン	1.5cm幅×15cm	1本	金
リボン	0.5cm幅×10cm	10本	金ふちどり赤
ボンテン	直径1cm	12個	白
ラメ糸	少々	金・銀	スパンコール 少々

※くすだま折り＝折り方は116ページ
　12cm角、9cm角で作る「くすだま折り」は、もみ紙（表）、折り紙を2枚重ねて折る。

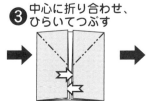  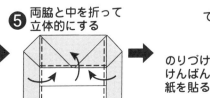

くすだま折り

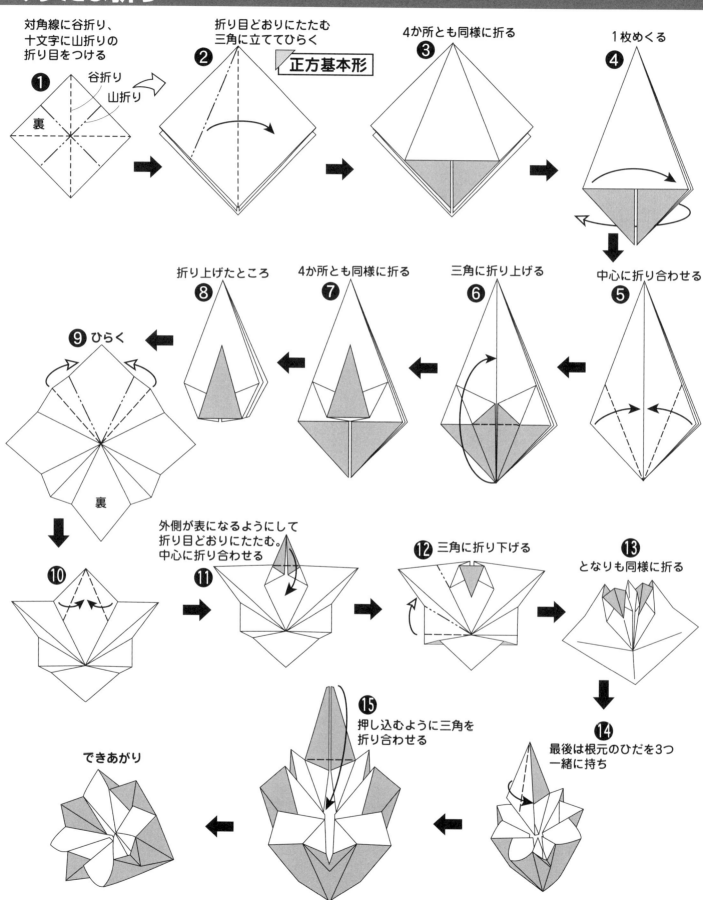

2ページ　花ごよみ　一月：福寿草

【材料】
- 花　4cm×4cm　1枚　黄（板締め染め和紙）
- つぼみ　3cm×3cm　1枚　黄（板締め染め和紙）
- がく　4cm×4cm　2枚　焦げ茶（板締め染め和紙）
- 葉　4cm×4cm　2枚　緑（板締め染め和紙）
- 茎　2.5cm×2.5cm　8枚　茶（板締め染め和紙）
- ミニ色紙 7.5cm×7.5cm　1枚　白（コットン）

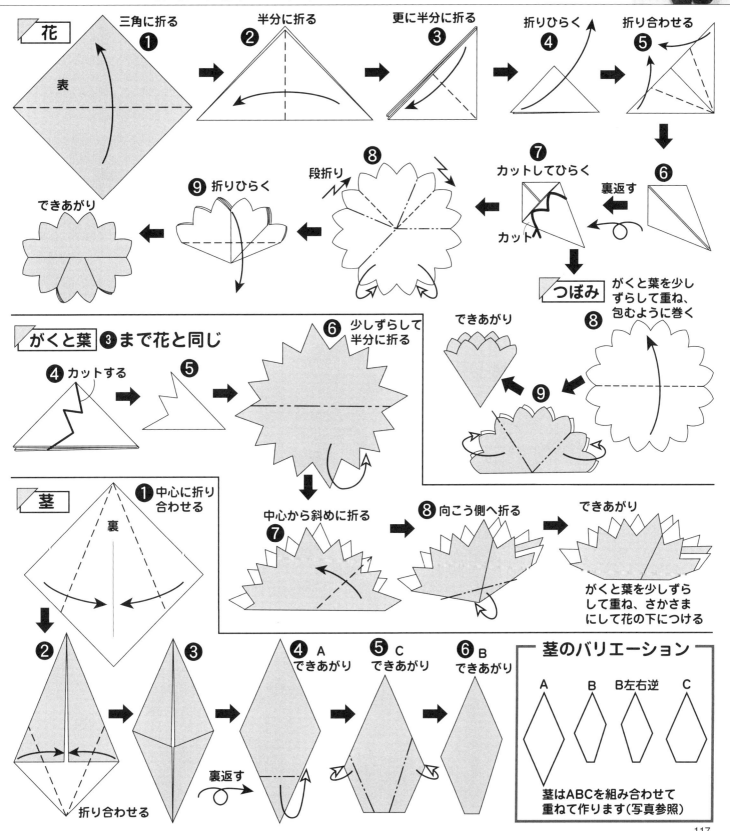

2ページ 花ごよみ 二月：紅梅(こうばい)

●花の折り方＝ 110、111 ページを参照

【材料】
花（上）	3cm×3cm	2枚	濃いピンク（板締め染め和紙）
花（下）	1.5cm×3cm	2枚	濃いピンク（板締め染め和紙）
花芯	1cm×1cm	2枚	黄（板締め染め和紙）
枝	5cm×2.2cm	1枚	焦げ茶（板締め染め和紙）
ミニ色紙	7.5cm×7.5cm	1枚	白（コットン）

2ページ 花ごよみ 三月：パンジー

●花の折り方＝ 54、55 ページを参照
●葉の折り方＝ 99 ページ（シクラメン）を参照

【材料】
花（上）	4.5cm×2.25cm	1枚	紫（板締め染め和紙）
花（下）	4.5cm×4.5cm	1枚	黄（板締め染め和紙）
花芯	1.5cm×1.5cm	1枚	紫（板締め染め和紙）
葉	4cm×4cm	2枚	緑（板締め染め和紙）
ミニ色紙	7.5cm×7.5cm	1枚	白（コットン）

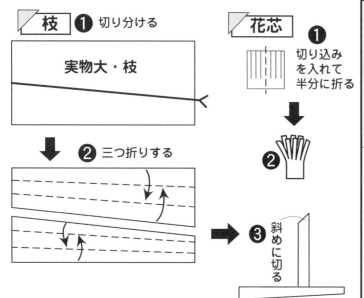

2ページ 花ごよみ 七月：あさがお

●花の折り方＝ 71 ページを参照
●つぼみの折り方＝ 72 ページを参照
●つるはこよりを作ってはわせます。73 ページを参照

【材料】
花	6cm×6cm	1枚	ピンク（板締め染め和紙）
つぼみ	5cm×5cm	1枚	ピンク（板締め染め和紙）
がく	3cm×1.5cm	2枚	緑（板締め染め和紙）
葉	3.5cm×3.5cm	1枚	緑（板締め染め和紙）
葉	2.5cm×2.5cm	1枚	緑（板締め染め和紙）
つる	10cm×1cm	1枚	緑（板締め染め和紙）
ミニ色紙	7.5cm×7.5cm	1枚	白（コットン）

●花ごよみ／七月 あさがお

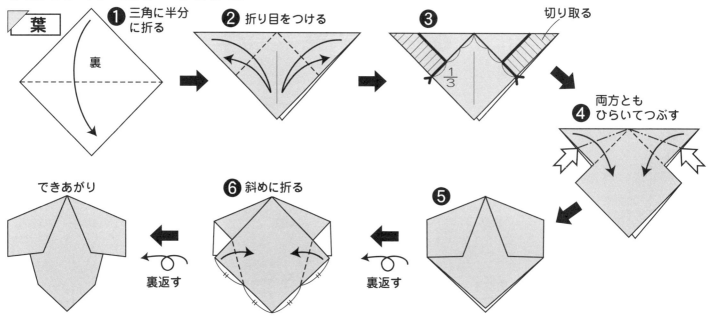

2ページ　花ごよみ　四月：チューリップ

【材料】
花　4cm×4cm　　　1枚　赤（板締め染め和紙）
花　4.5cm×4.5cm　1枚　赤（板締め染め和紙）
葉　4cm×4cm　　　2枚　緑（板締め染め和紙）
茎　5cm×1cm　　　1枚　緑（板締め染め和紙）
ミニ色紙　7.5cm×7.5cm　1枚　白（コットン）

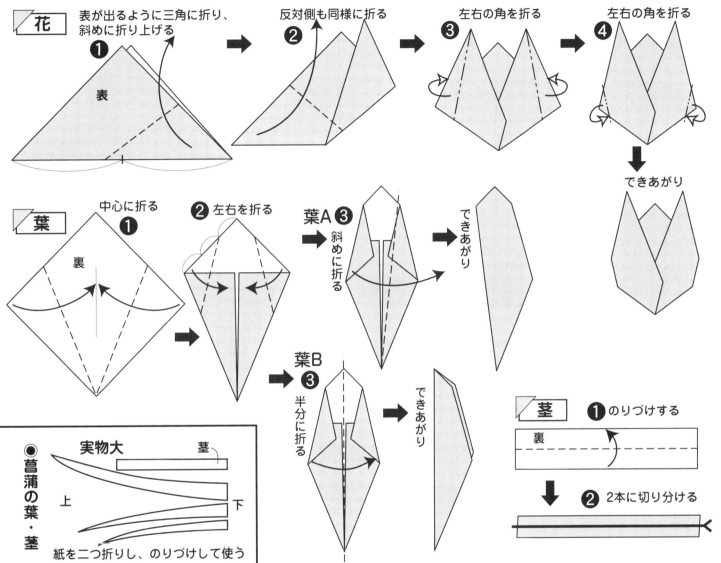

2ページ　花ごよみ　五月：菖蒲（しょうぶ）

●花の折り方＝63、64ページを参照
●葉と茎は和紙を半分に折って貼り合わせ、茎を細く切り取ります。その残りを葉の実物大図（上図）に合わせて切り取ります。

【材料】
花　7cm×7cm　　　1枚　赤（板締め染め和紙）
葉・茎　5cm×5cm　1枚　緑（板締め染め和紙）
がく　2.5cm×2.5cm　1枚　緑（板締め染め和紙）
ミニ色紙　7.5cm×7.5cm　1枚　白（コットン）

2ページ　花ごよみ　六月：あじさい

●花の折り方＝66ページを参照
●葉の折り方＝67ページを参照

【材料】
花　1.5cm×1.5cm　18枚　紫（板締め染め和紙）
葉　3.5cm×3.5cm　2枚　緑（板締め染め和紙）
ミニ色紙　7.5cm×7.5cm　1枚　白（コットン）

2ページ 花ごよみ 八月：ひまわり

【材料】
花　6.5cm×6.5cm　1枚　黄（板締め染め和紙）
花芯　6.5cm×6.5cm　1枚　焦げ茶（板締め染め和紙）
葉　3cm×3cm　2枚　緑（板締め染め和紙）
茎　4cm×2cm　1枚　緑（板締め染め和紙）
ミニ色紙　7.5cm×7.5cm　1枚　白（コットン）

●葉の折り方＝79ページを参照

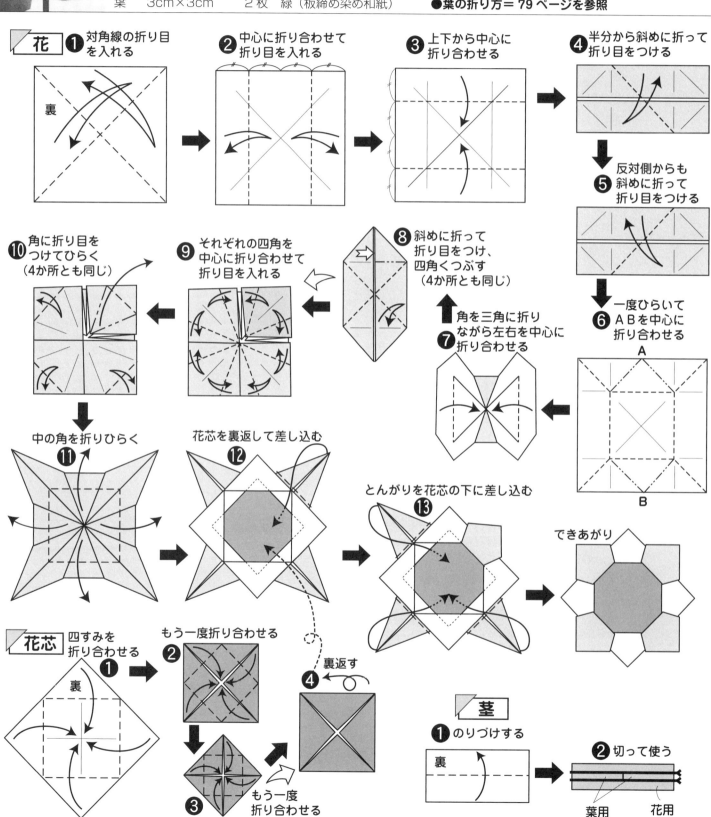

2ページ 花ごよみ 九月：すすき

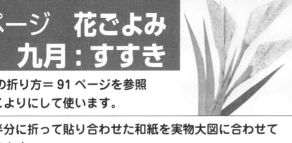

- ●穂Bの折り方＝91ページを参照
- ●茎はこよりにして使います。
- ●葉は半分に折って貼り合わせた和紙を実物大図に合わせて切り取ります。

【材料】

穂B	3×3cmを半分にした三角	3枚	金（たまむし紙）
葉	6cm×4cm	1枚	緑（板締め染め和紙）
茎	5cm×1cm	3枚	緑（板締め染め和紙）
ミニ色紙	7.5cm×7.5cm	1枚	白（コットン）

2ページ 花ごよみ 十月：桔梗

- ●花、花芯、葉の折り方＝95ページを参照

【材料】

花	4cm×4cm	2枚	紫（板締め染め和紙）
花芯A	0.7cm×0.5cm	2枚	黄（板締め染め和紙）
花芯B	0.5cm×5cm	1枚	黄緑（板締め染め和紙）
葉A	1.5cm×1.5cm	5枚	緑（板締め染め和紙）
茎	2cm×5cm	1枚	緑（板締め染め和紙）
ミニ色紙	7.5cm×7.5cm	1枚	白（コットン）

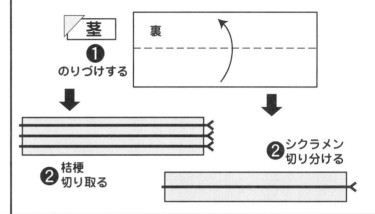

2ページ 花ごよみ 十二月：シクラメン

【材料】

花	5cm×5cm	2枚	赤（板締め染め和紙）
葉	2cm×2cm	7枚	緑（板締め染め和紙）
茎	1.5cm×5cm	2枚	茶（板締め染め和紙）
ミニ色紙	7.5cm×7.5cm	1枚	白（コットン）

- ●99〜101ページを参照して作ります。
- ●茎は上図の要領で作り、首を曲げながら貼ります。

2ページ 花ごよみ 十一月：菊

【材料】

花	5cm×5cm	1枚	オレンジ（板締め染め和紙）
花	4.5cm×4.5cm	1枚	オレンジ（板締め染め和紙）
花芯	3cm×3cm	2枚	黄（こうぞ）
葉	3cm×2cm	7枚	緑（板締め染め和紙）
ミニ色紙	7.5cm×7.5cm	1枚	白（コットン）

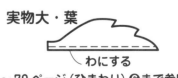

●花の折り方＝78〜79ページ（ひまわり）⑥まで参照

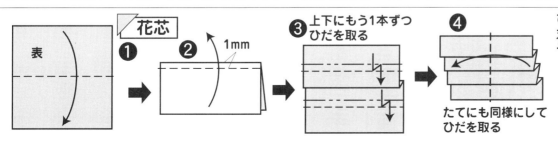

40ページ　歳時記　一月：獅子舞い

【材料】
頭　7cm×7cm　1枚　赤×金（メタル和紙）
目　0.5cm丸　2枚　白（シール）
目　0.3cm丸　2枚　黒（シール）
眉　少々　黒（こうぞ）
口　少々　赤×金（メタル和紙）
着物　6.5cm×6.5cm　1枚　紺（染め和紙・さらさ）
足　6.5cm×6.5cm　1枚　黒（こうぞ）
竹、葉　5cm×5cm　1枚　緑（板締め染め和紙）
ミニ色紙　7.5cm×7.5cm　1枚　白（コットン）

●竹、葉は和紙を半分に折って貼り合わせ、実物大図に合わせて切り取ります。　●獅子舞の頭＝103ページ（上図）を参照

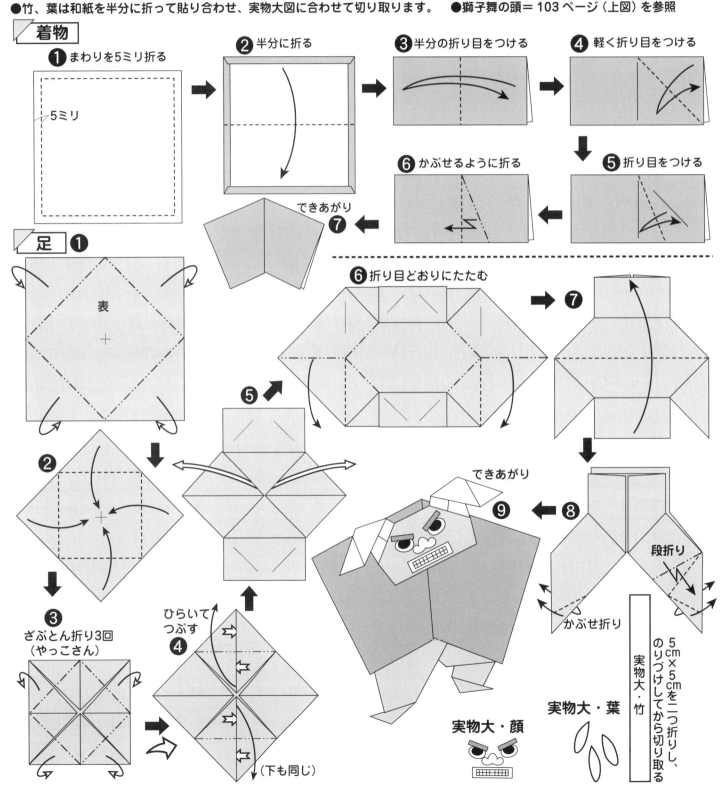

40ページ 歳時記 二月：節分

【材料】
鬼　6cm×6cm　1枚　赤（こうぞ）
鬼　6cm×6cm　1枚　青（こうぞ）
枡　2.5cm×7.5cm　1枚　茶×金（メタル和紙）
豆　5cm×5cm　1枚　黄（こうぞ）
ミニ色紙　7.5cm×7.5cm　1枚　白（コットン）
●豆はパンチ穴あけ機を使ってくり抜きます。

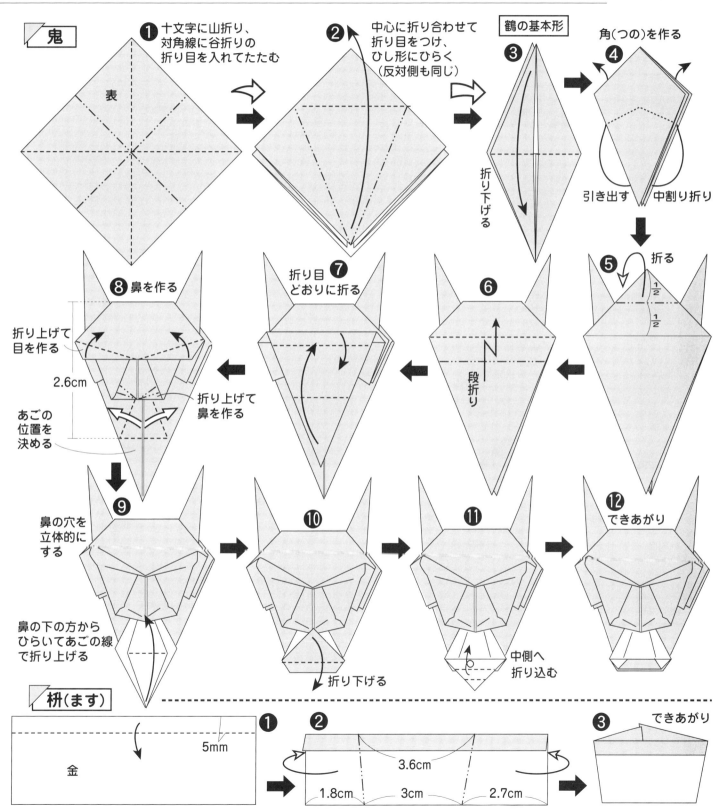

40ページ　歳時記　三月：おひなさま

【材料】

着物	5cm×5cm	各1枚	黒系、赤系（友禅染め和紙）
重ねの着物	5cm×5cm	各1枚	紫、ピンク（こうぞ）
ぼんぼり/柱	3cm×0.8cm	1枚	黒（染め和紙・金模様）
ぼんぼり/明かり	1.5cm×1cm	1枚	黄（こうぞ）
もうせん	7.5cm×2.5cm	1枚	赤（こうぞ）
雛壇	3.5cm×1cm	2枚	（段飾り柄）
髪、烏帽子	4cm×4cm	1枚	黒（こうぞ）
しゃく	少々		茶（こうぞ）
扇	少々		赤×金（メタル和紙）
ミニ色紙	7.5cm×7.5cm	1枚	白（コットン）

●もうせんを貼り、雛壇とお雛様を揃えてバランスを見ながら貼ります。

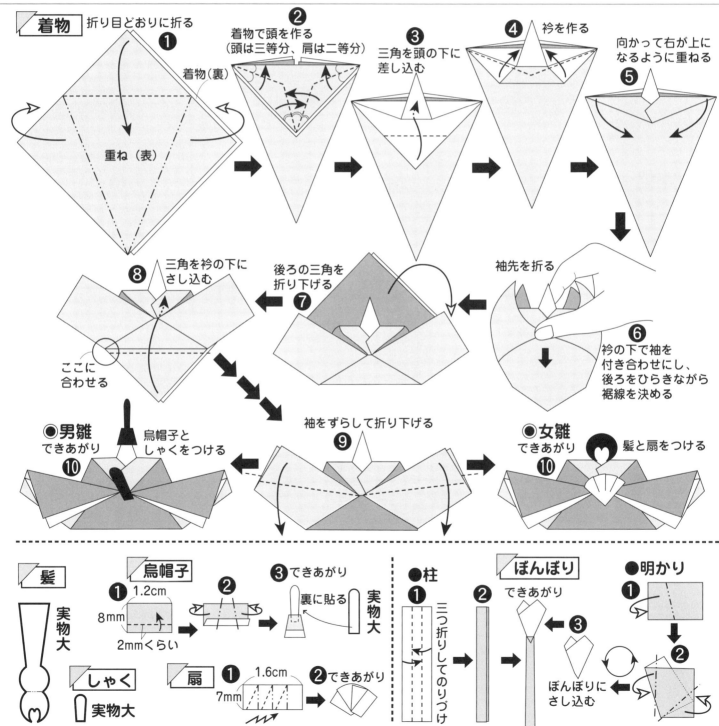

40ページ 歳時記 四月：花まつり

【材料】
- お釈迦様　5cm×5cm　1枚　金（メタル和紙）
- 蓮台　2.5cm×2.5cm　1枚　金（メタル和紙）
- 花御堂　5cm×10cm　1枚　茶（あらすじ）
- 花　5cm×5cm　各1枚　緑、赤、黄、ピンク（こうぞ）
- ミニ色紙　7.5cm×7.5cm　1枚　白（コットン）

●花はパンチ穴あけ機を使ってくり抜きます。

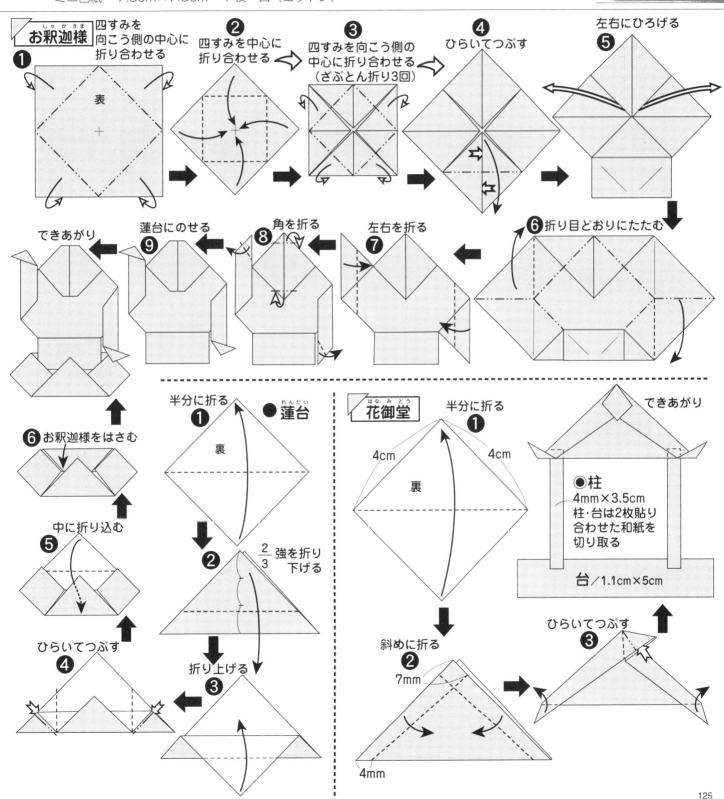

40ページ 歳時記 五月：こいのぼり

【材料】
- まごい 4.5cm×4.5cm 1枚 黒系（友禅染め和紙）
- ひごい 4cm×4cm 1枚 赤系（友禅染め和紙）
- 菖蒲 1.3cm×1.3cm 2枚 紫（板締め染め和紙）
- 風車 1.7cm×1.7cm 1枚 赤×金（メタル和紙）
- 葉 少々 緑（板締め染め和紙）
- さお 1cm×6cm 1枚 茶（こうぞ）
- ミニ色紙 7.5cm×7.5cm 1枚 白（コットン）

●葉は和紙を半分に折って貼り合わせ、実物大図に合わせて切り取ります。

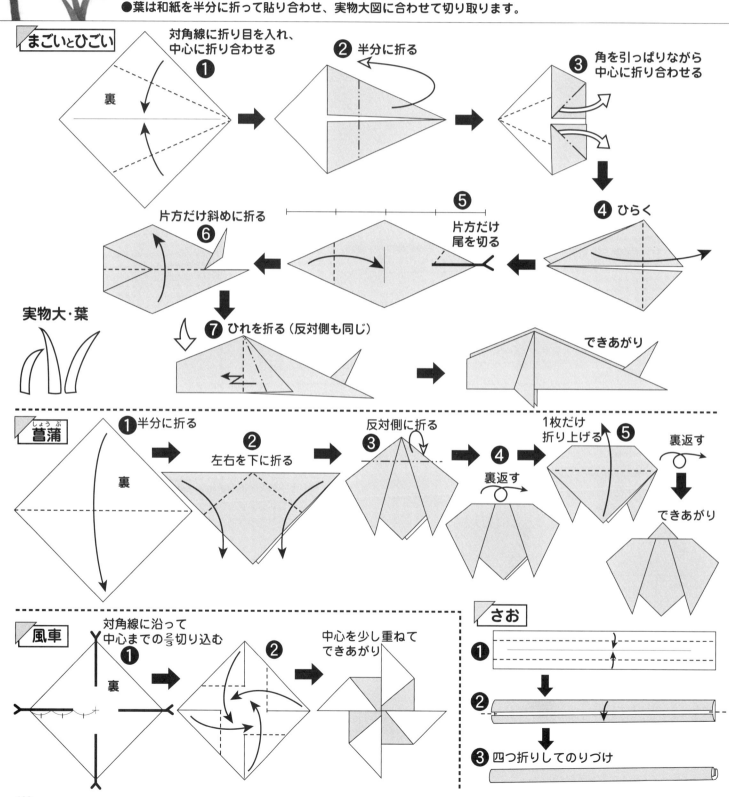

40ページ 歳時記 六月：てるてる坊主

【材料】
てるてる坊主　4cm×4cm　　1枚　白（すなご）
〃（頭）　1.5cm×1.5cm　2枚　白（すなご）
長ぐつ　2.5cm×2.5cm　2枚　赤（おりがみ）
傘　6cm×6cm　1枚　ピンク（こうぞ）
背景　7.5cm角を半分にした三角　1枚　紫（雲龍紙）
水たまり　5cm×2.5cm　1枚　水色（こうぞ）
ミニ色紙　7.5cm×7.5cm　1枚　白（コットン）

●頭は和紙を半分に折って貼り合わせ実物大図に合わせて切り取ります。

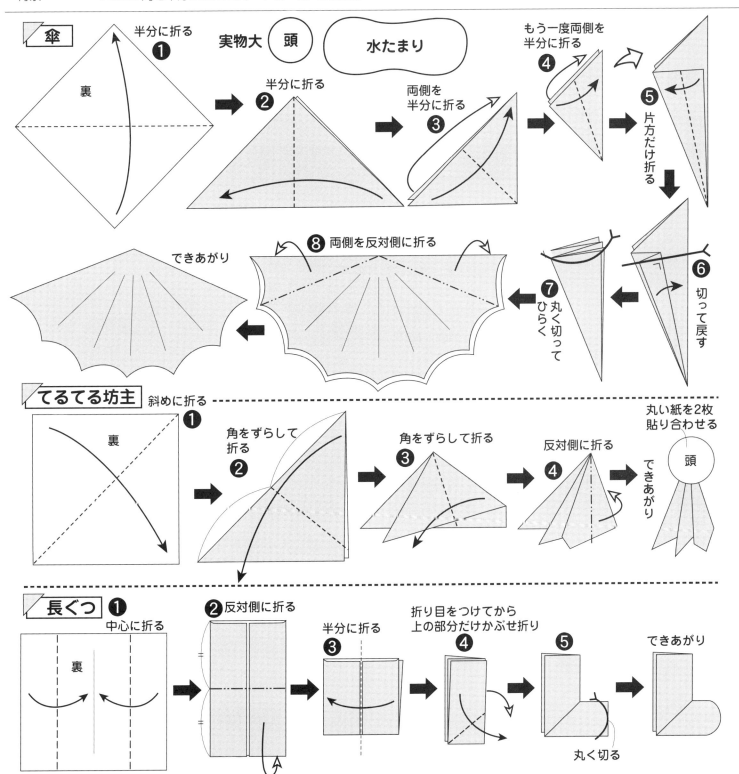

40ページ　歳時記　七月：七夕

【材料】

織姫	2.5cm×2.5cm	1枚	赤系（友禅染め和紙）	
彦星	2.5cm×2.5cm	1枚	青系（友禅染め和紙）	
星	1.5cm×1.5cm	2枚	金（メタル和紙）	
竹、笹	5cm×12cm	1枚	緑（板締め染め和紙）	
飾り	各少々		いろいろ（こうぞ）	
飾り	少々		銀（メタル和紙）	
ミニ色紙	7.5cm×7.5cm	1枚	紺（コットン）	

- 竹は和紙を半分に折って貼り合わせ、5〜6mm幅に切ったものを幹用に、2〜3mm幅に切ったものを枝用に使います。
- 笹は竹を切り取った残りを実物大図案に合わせて切り取ります。
- 短冊は4mm幅 1.5cm前後
- 飾りは5〜7mm四角をつなぎます。
- 星は実物大図案に合わせて切り取ります。

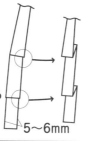
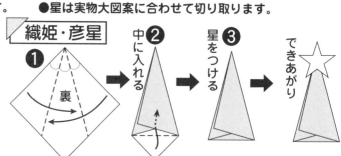

40ページ　歳時記　八月：花火

【材料】

花火	3cm×3cm	1枚	赤（おりがみ）	
花火	2.5cm×2.5cm	1枚	黄（おりがみ）	
花火	2.5cm×2.5cm	1枚	黄緑（おりがみ）	
花火	1cm×3cm	各1枚	金、銀（おりがみ）	
建物	7.5cm×3cm	1枚	グレー（こうぞ）	
窓	少々		白、黄、オレンジ（こうぞ）	
ミニ色紙	7.5cm×7.5cm	1枚	紺（コットン）	

- 窓は5mm前後の四角に切って貼ります。

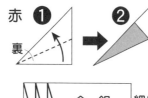
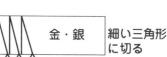
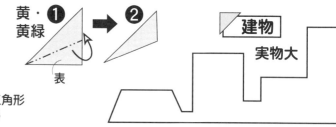

40ページ　歳時記　九月：月見

【材料】

うさぎ	6cm×6cm	2枚	白（こうぞ）	
耳	1cm×1cm	4枚	ピンク（こうぞ）	
月	5cm×2.5cm	1枚	黄（こうぞ）	
すすきの穂	1.5cm×1.5cm	1枚	金（たまむし紙）	
葉、茎	5cm×5cm	1枚	緑（板締め染め和紙）	
縁側	6cm×3cm	1枚	橙（染め和紙、金模様）	
ミニ色紙	7.5cm×7.5cm	1枚	紺（コットン）	

- うさぎの折り方＝88、89ページ（うさぎA）を参照
- 茎は6mm幅を2本切り取ります。その残りを半分に折って貼り合わせ、葉の実物大図案に合わせて切り取ります。
- 月は半分に折って貼り合わせ、実物大図に合わせて切り取ります。

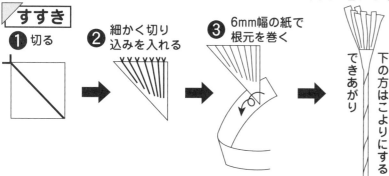
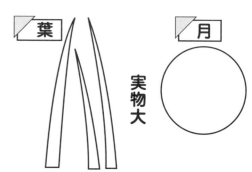

40ページ　歳時記　十月：運動会

【材料】
うさぎ	3.5cm×3.5cm	1枚	白（こうぞ）
亀	3.5cm×3.5cm	1枚	茶（こうぞ）
山	7.5cm×7.5cm	1枚	緑（こうぞ）
道	7.5cm×3cm	1枚	肌色（こうぞ）
旗	少々		焦げ茶、赤（こうぞ）
ハチマキ	少々		白、赤（こうぞ）
ミニ色紙	7.5cm×7.5cm	1枚	白（こうぞ）

● ハチマキは1mm幅に切った和紙を使います。
● 旗は各々半分に折って貼り合わせた和紙を実物大図案に合わせて切り取ります。数字はハチマキの紙を使います。
● 道は実物大図を参考にして、細く切った紙を折りながら貼ります。

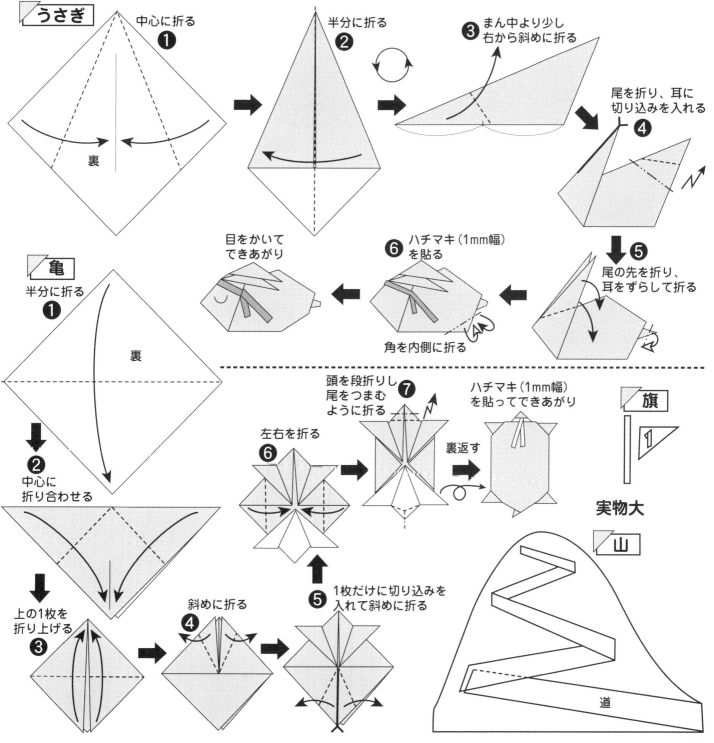

40ページ 歳時記 十一月：酉の市

【材料】

松	2.5cm×2.5cm	3枚	緑（板締め染め和紙）
鯛	5cm×5cm	1枚	赤（こうぞ）
小判	5cm×5cm	1枚	金（メタル和紙）
鶴	4cm×4cm	1枚	白（すなご）
熊手	10cm×5cm	1枚	茶（こうぞ）
お多福	3.5cm×3.5cm	1枚	白（こうぞ）
髪	0.7cm×2.5cm		黒（こうぞ）
笹	3cm×6cm		黄緑（板締め染め和紙）
ミニ色紙	7.5cm×7.5cm	1枚	白（コットン）

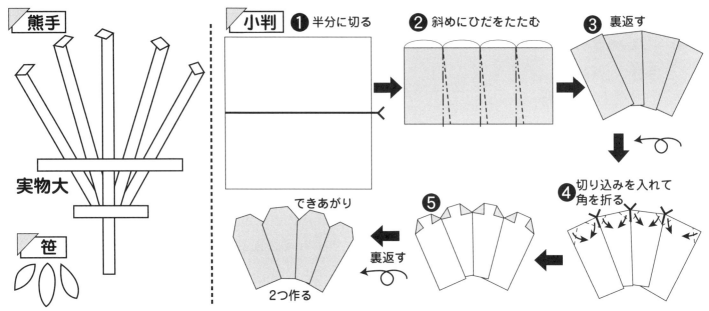

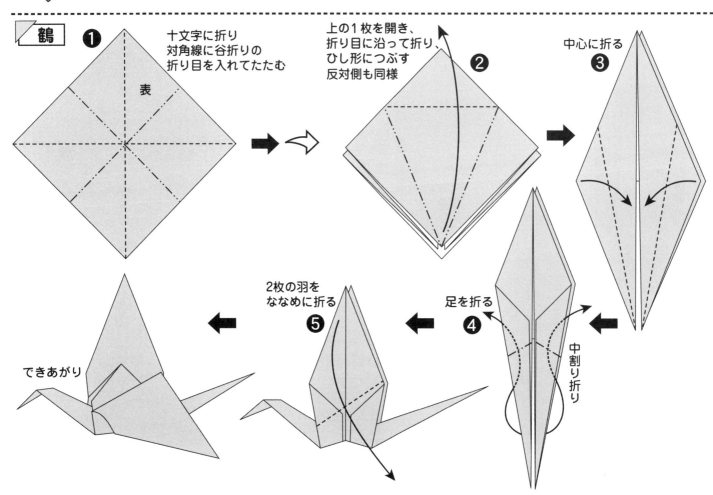

40ページ　歳時記　十一月：酉の市(とりいち)

- 松の折り方＝106ページを参照
- 熊手は10cm×1cmに切り分け、各々を三つ折りしてのりづけし、実物大図案に合わせて作ります。
- 笹は半分に折って貼り合わせた和紙を実物大図案に合わせて切り取ります。

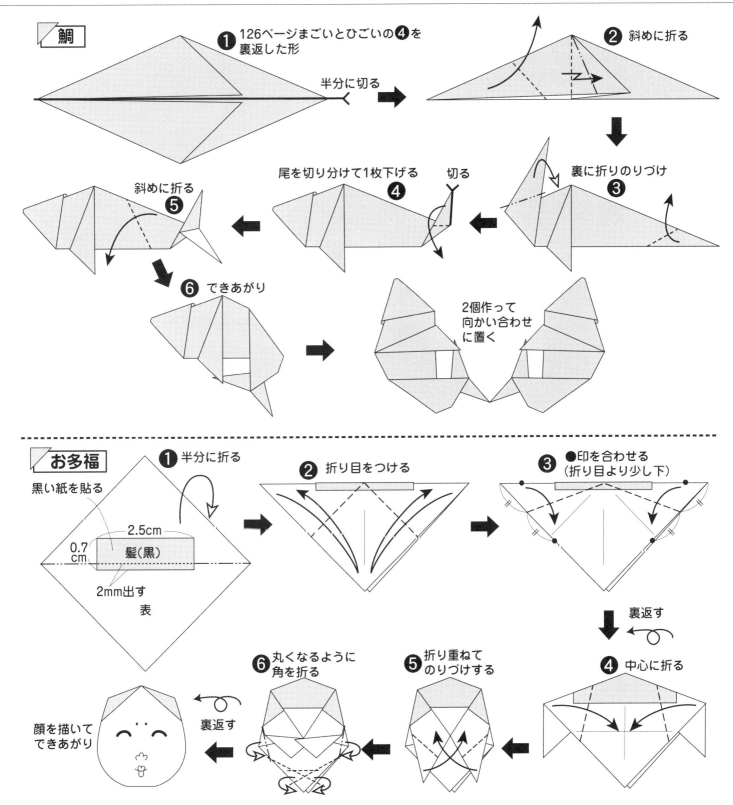

40ページ　歳時記　十二月：クリスマス

【材料】
- サンタ　3cm×3cm　3枚　赤（おりがみ）
- ツリー　4cm×4cm　3枚　緑（もみこうぞ）
- 幹　2cm×2cm　1枚　茶（こうぞ）
- 星　1.3cm×1.3cm　2枚　金（メタル和紙）
- モール　少々　金（メタル和紙）
- 飾り　少々　いろいろ（メタルおりがみ）
- プレゼント箱　少々　いろいろ（おりがみ）
- ミニ色紙　7.5cm×7.5cm　1枚　白（コットン）

● 星の折り方＝112ページを参照
● モールは曲線を描いて細く切ります。
● 飾りはパンチ穴あけ機を使ってくり抜きます。
● プレゼント箱は1cm前後の四角形を貼ります。

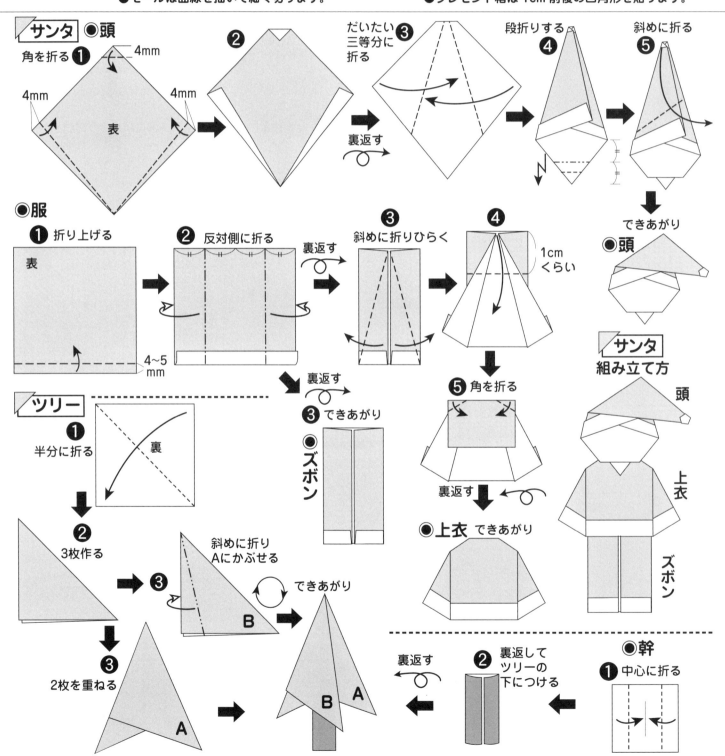

35ページ 49番　七夕飾り

◉京の紙衣の作り方＝42、43ページ

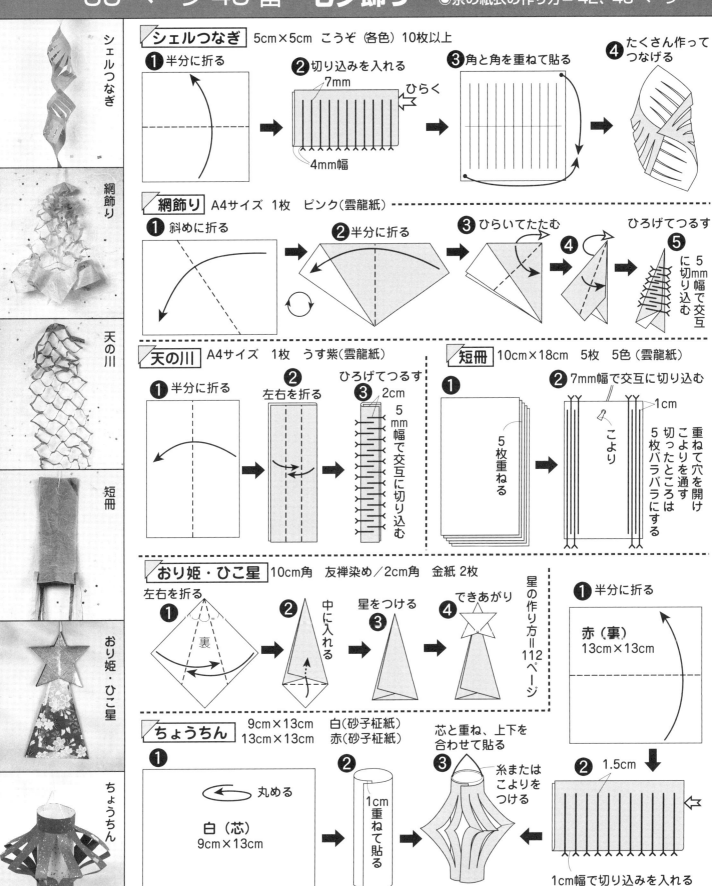

3ページ1番 花のたとう

【材料】 ※六角形、八角形とも同じ（1個分）
表　18cm×18cm　1枚　（友禅染め和紙）
重ね　18cm×18cm　1枚　色無地（こうぞ）

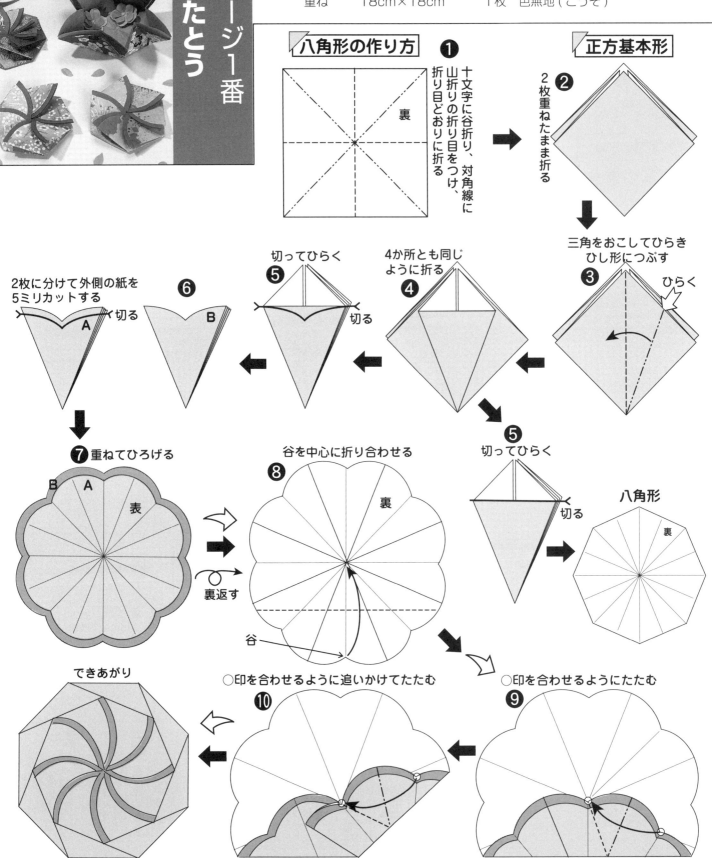

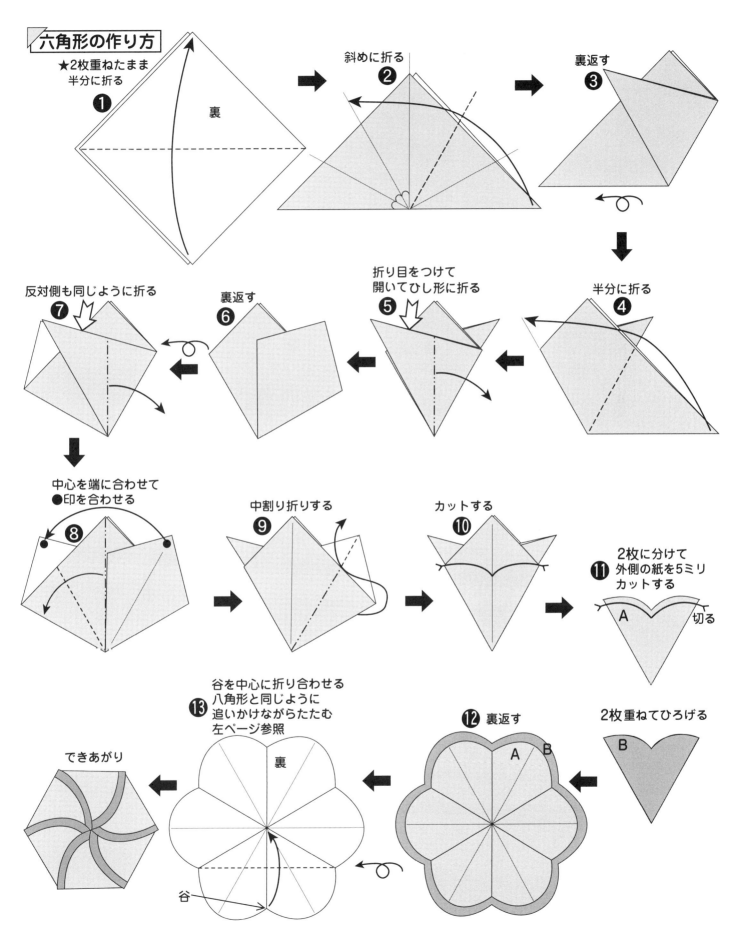

33ページ46番 桃と立ち雛
3ページ2番 おひなさまと桃

【材料】 ※46番の作品は口絵の色を参考に、材料をそろえて下さい

－男びな－ 作り方=138～139ページ

頭・胴体	15cm×15cm	1枚	白（こうぞ）
衿	1cm×5cm	1枚	紫（こうぞ）
重ね衿A・B	2.5cm×7.5cm	各1枚	黄・ピンク（こうぞ）
重ね衿C	1.5cm×4cm	1枚	金（メタル）
着物	15cm×15cm	1枚	白地に柄(友禅染め和紙)
袴・帯	15cm×15cm	1枚	緑地に柄(友禅染め和紙)
烏帽子	3.5cm×3.5cm	1枚	黒（こうぞ）
烏帽子の飾り	1cm×5cm	1枚	黒（こうぞ）

－女びな－ 作り方=136～137ページ

頭・胴体	15cm×15cm	1枚	白（こうぞ）
衿	1cm×5cm	1枚	赤（こうぞ）
重ね衿A・B	2.5cm×7.5cm	各1枚	黄・ピンク（こうぞ）
重ね衿C	1.5cm×15cm	1枚	金（メタル）
着物	15cm×15cm	1枚	白地に柄(友禅染め和紙)
着物の重ね	1.5cm×10cm	1枚	金（メタル）
帯	1.8cm×10cm	1枚	赤地に柄(友禅染め和紙)
帯の重ね	1cm×10cm	1枚	緑（こうぞ）
髪	7cm×3cm	1枚	黒（こうぞ）
冠	1cm×1cm	1枚	金（こうぞ）

－桃－ 作り方=138ページ

花（大）	4cm×4cm	6枚	ピンク（板締め染め和紙）
花（小）	4cm×4cm	6枚	濃いピンク（板締め染め和紙）
花芯	1cm×5cm	1枚	黄（こうぞ）
つぼみ	4cm×4cm	5枚	濃いピンク（板締め染め和紙）
がく	1.5cm×1.5cm	5枚	茶（板締め染め和紙）
葉	1.5cm×0.3cm	22枚	黄緑（板締め染め和紙）
枝（太）	1.2cm×20cm	2枚	茶（板締め染め和紙）
枝（細）	0.6cm×10cm	3枚	茶（板締め染め和紙）

★つぼみ・がくの折り方は44・46ページを参照してください。

－タペストリー－ 作り方=138ページ

本体	43cm×30cm	1枚	赤（裏打ちもみ紙）
棒	直径1.2cm×30cm	2本	
丸ひも	太さ0.3cm×65cm	1本	朱色

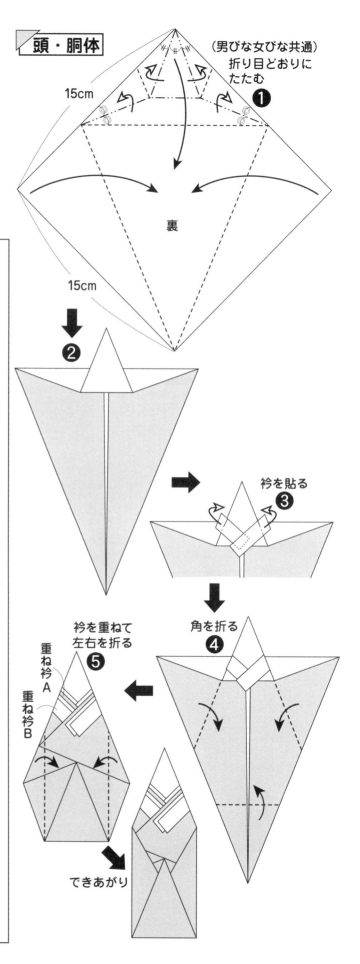

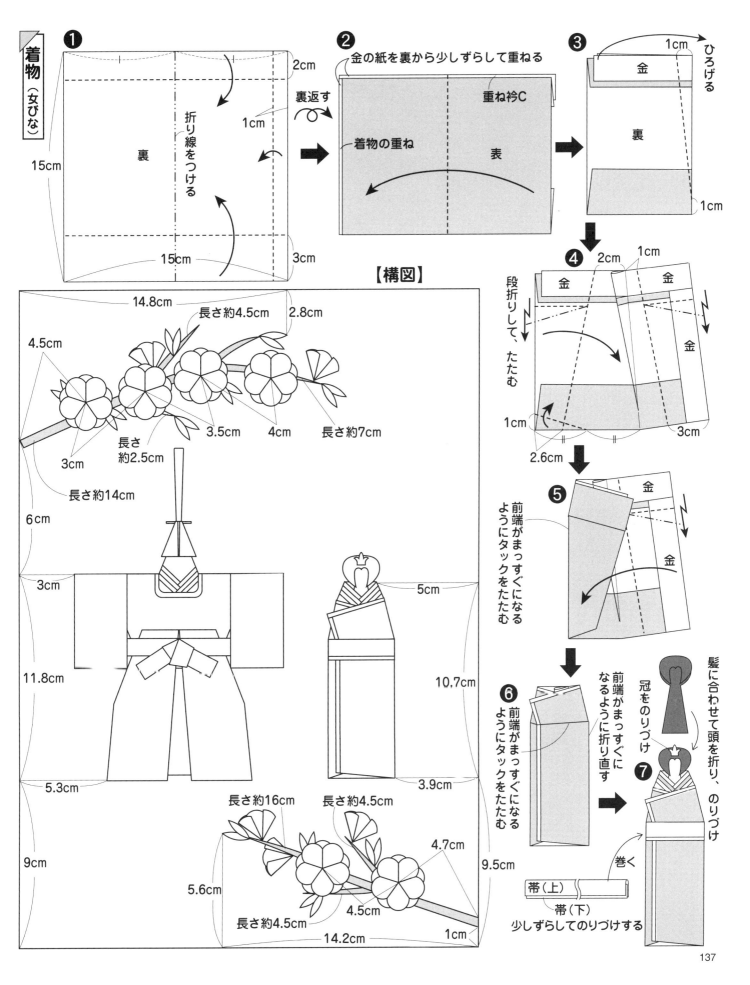

3ページ2番 おひなさまと桃 ・ 33ページ46番 桃と立ち雛

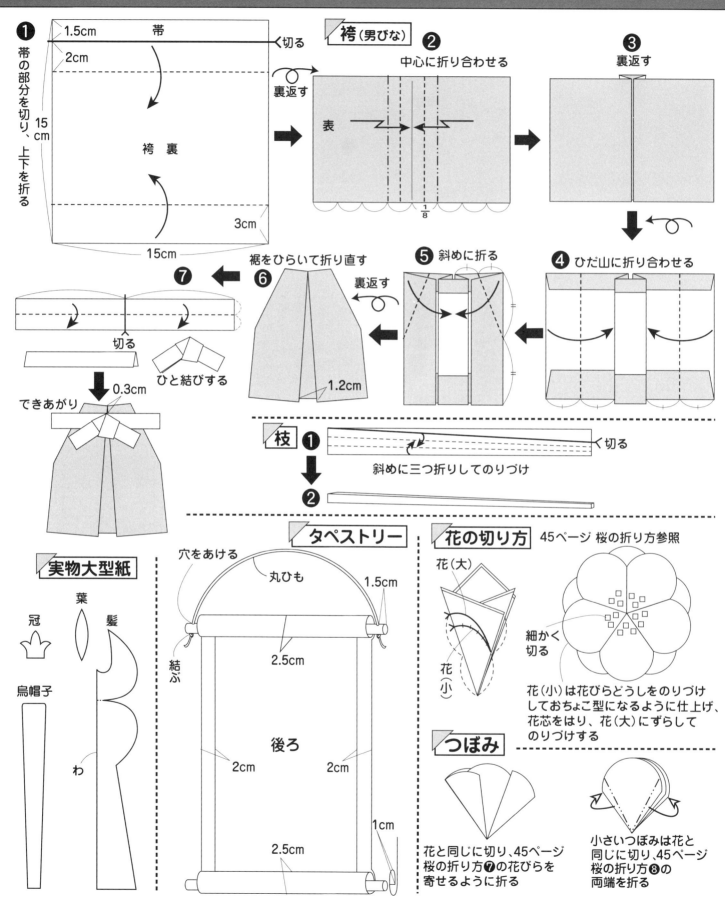

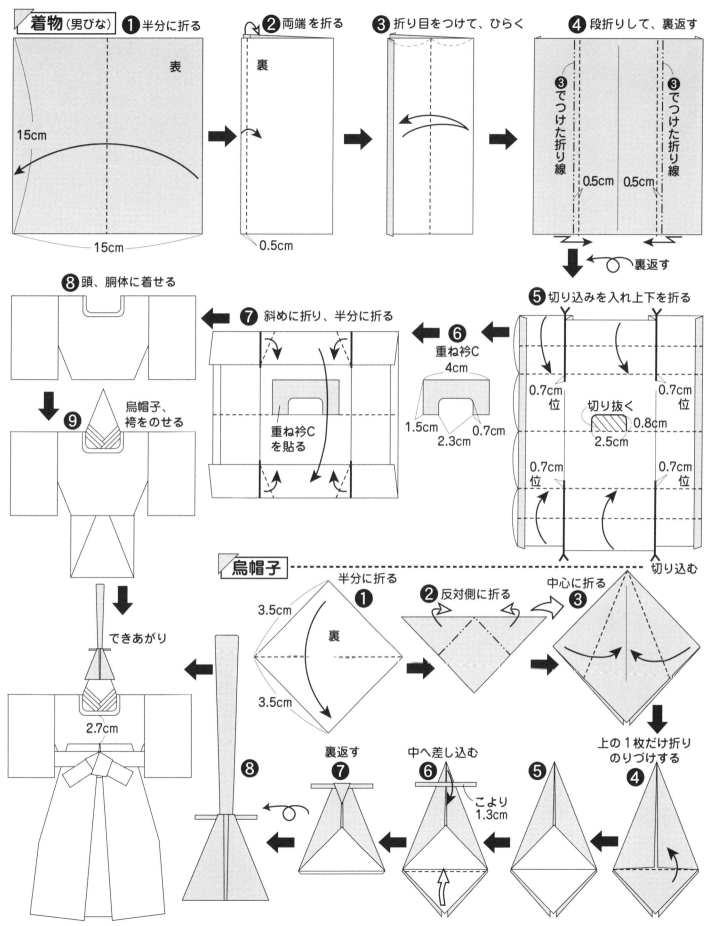

34ページ 47番 五月飾り

【材料】
かぶと	15cm×15cm	1枚	赤×金（メタルおりがみ）
足つき三宝	25cm×25cm	1枚	黒（クラフト紙）
三宝（ふた）	14cm×14cm	1枚	黒（クラフト紙）
菖蒲（花）	5cm×5cm	4枚	紫（板締め染め和紙）
菖蒲（葉）	12cm×12cm	2枚	緑（板締め染め和紙）

★こいのぼり＝友禅染め和紙、旗＝白和紙、箱（台）＝クラフト紙、竹ひご、を使って作ります。大きさは飾り方に合わせて調節してください。

※三宝の折り方は142、143ページ

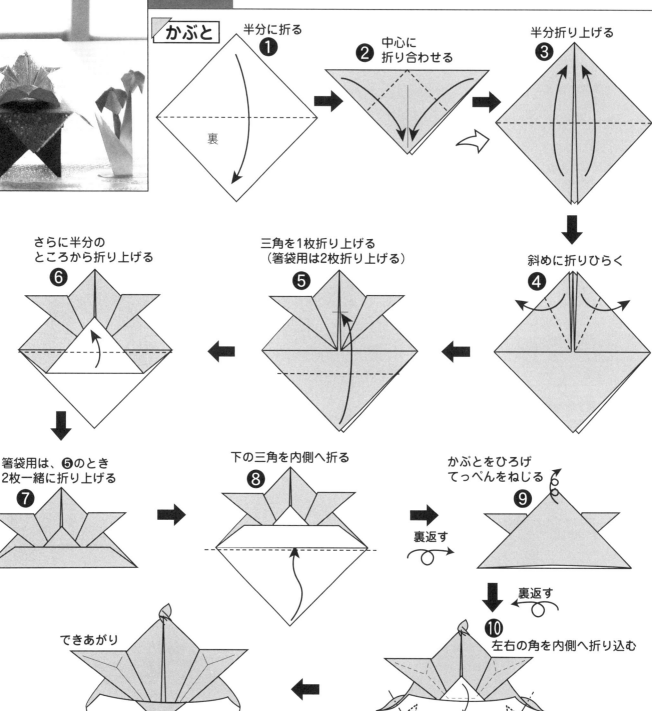

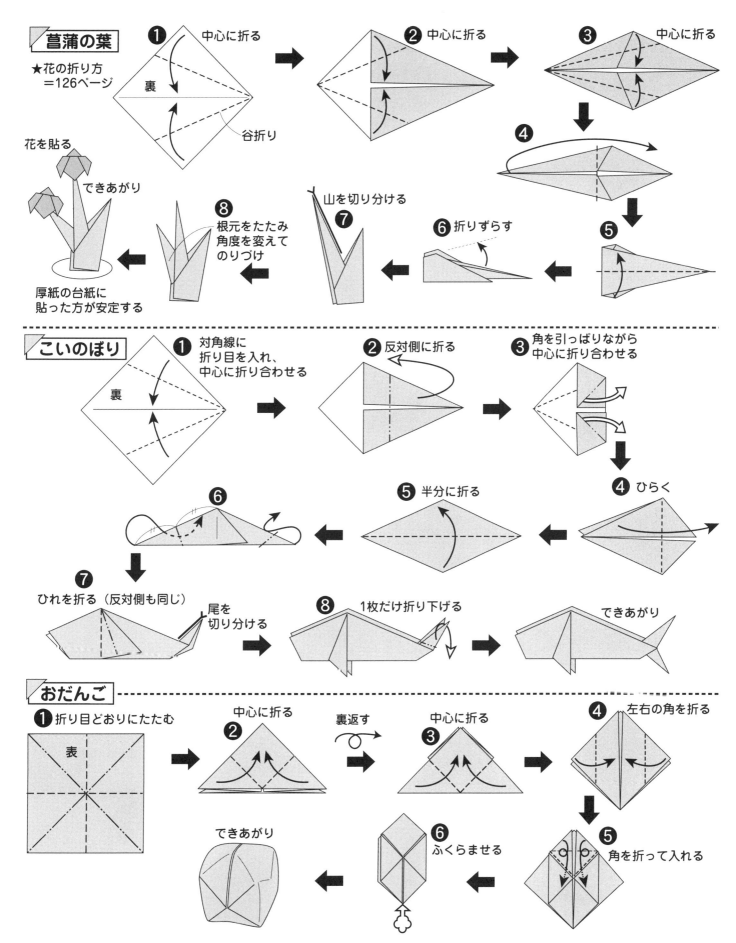

34ページ 47番 五月飾り

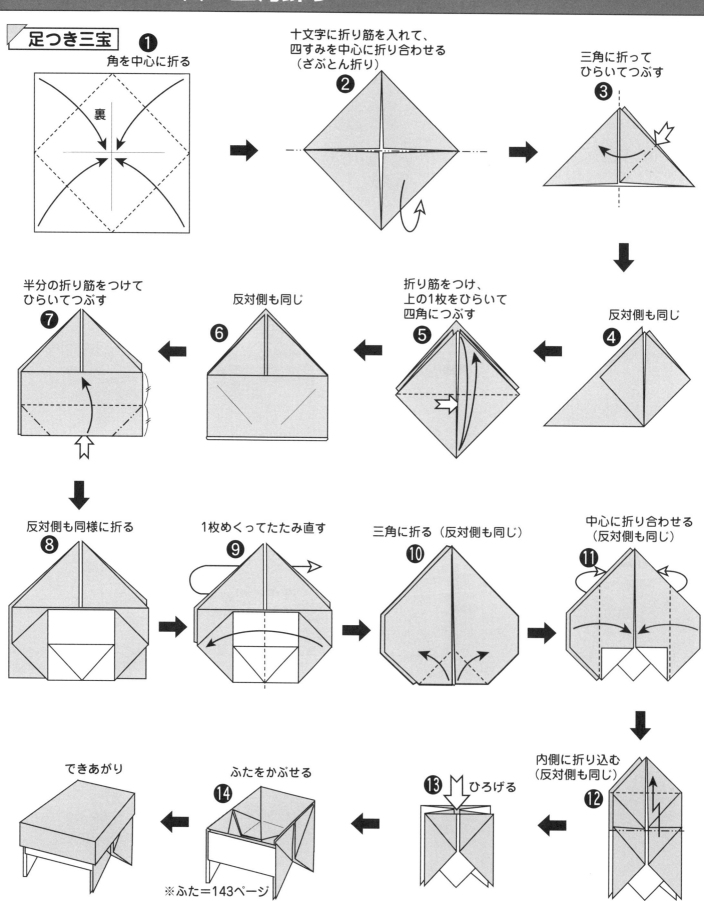

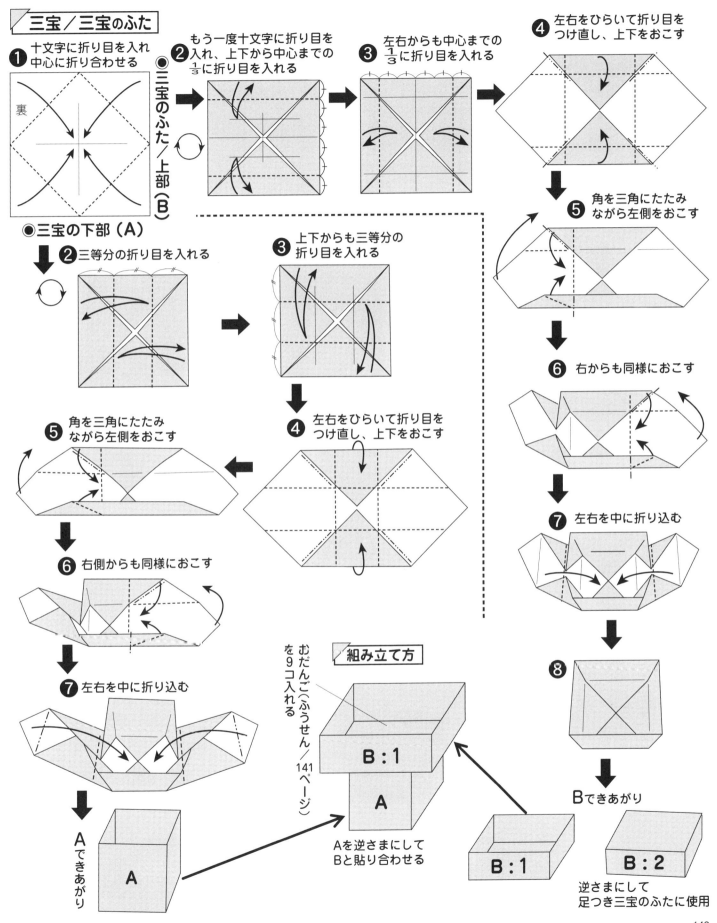

36ページ50番
仲秋の名月

【材料】

うさぎA(大)	18cm×18cm	4枚	白(もみこうぞ)
うさぎA(小)	15cm×15cm	5枚	白(もみこうぞ)
耳用	5cm×5cm	18枚	ピンク(こうぞ)
おだんご	7.5cm×7.5cm	17枚	白(もみこうぞ)
三宝(上)	13cm×13cm	1枚	茶(もみこうぞ)
三宝(下)	20cm×20cm	1枚	茶(もみこうぞ)
すすき穂	4cm×7cm	6枚	生成り(梨地和紙)
すすき葉	9cm×9cm	2枚	緑(板締め染め和紙)
すすき茎	1cm×5cm	3枚	緑(板締め染め和紙)
花瓶	9cm×9cm	2枚	茶(板締め染め和紙)
月	10cm×20cm	1枚	黄(板締め染め和紙)
発泡ボール	直径6cm	1個	
つるしひも	約550cm		白(細口)
輪	直径18cm		白(吊るし飾り用)

折り方
うさぎA＝88～89ページ
おだんご＝141ページ
三宝＝143ページ

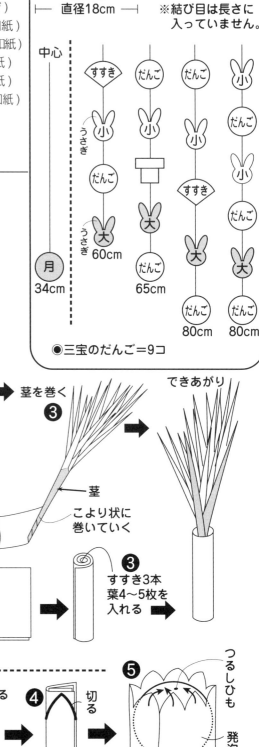

輪吊り…4本
直径18cm 24cm(二重)

うさぎ(大) 4コ
うさぎ(小) 5コ
だんご 8コ
すすき 2本
三宝 1コ

※結び目は長さに入っていません。

●三宝のだんご＝9コ

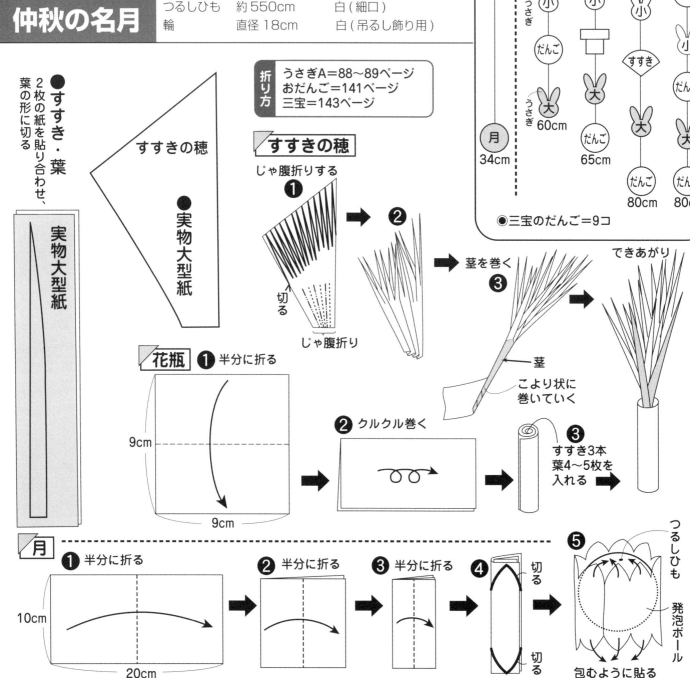

37ページ51番　おばけ／ハロウィン

【ハロウィンの材料】
- おばけ　　15cm×15cm　　1枚（黒　おりがみ）
- かぼちゃ　15cm×15cm　　1枚（オレンジ両面おりがみ）※折り方＝146ページ
　　　　　　7.5cm×7.5cm　1枚（オレンジ　おりがみ）
- こうもり　12cm×12cm　　1枚（黒　おりがみ）　　　　※折り方＝148ページ
- 星　　　　約3.5cm×約58cm　1枚（金色和紙）　　　　※折り方＝148ページ
- つるしひも　約50cm×1本（紫　細口）

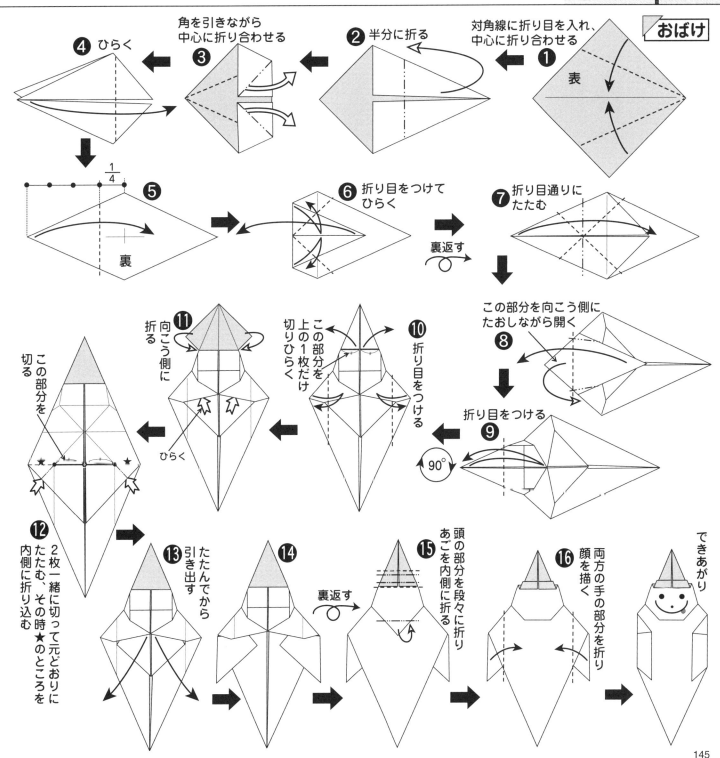

37ページ 51番　かぼちゃ／ハロウィン

かぼちゃ

1. 折り目どおりにたたむ
2. 角を三角に立ててひらいてつぶす
3. 残りの3か所も同じに折る
4. 折り筋をつける（4か所共同じ）
5. めくって次の面を出す
6. 上の1枚をひらき折り目に沿って折り、ひし形につぶす
7. 折り上げる
8. 残りの3か所も❻❼と同じに折る
9. 折り目をつけてひらく（4か所共同じ）
10. ☆印のところに、八角形の折り目をつけ、中心をへこませながら（しずめ折り）たたむ

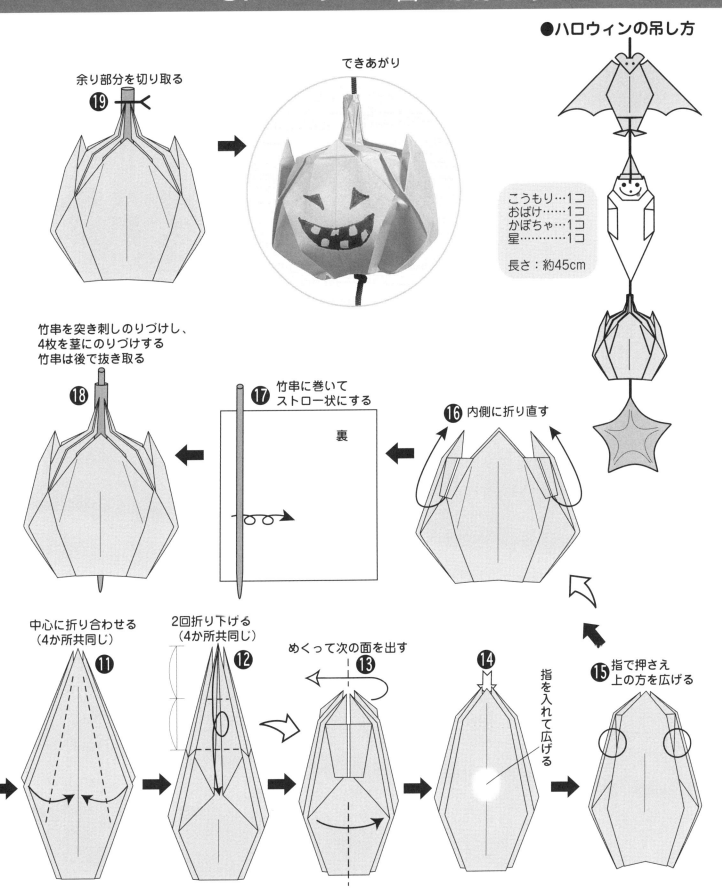

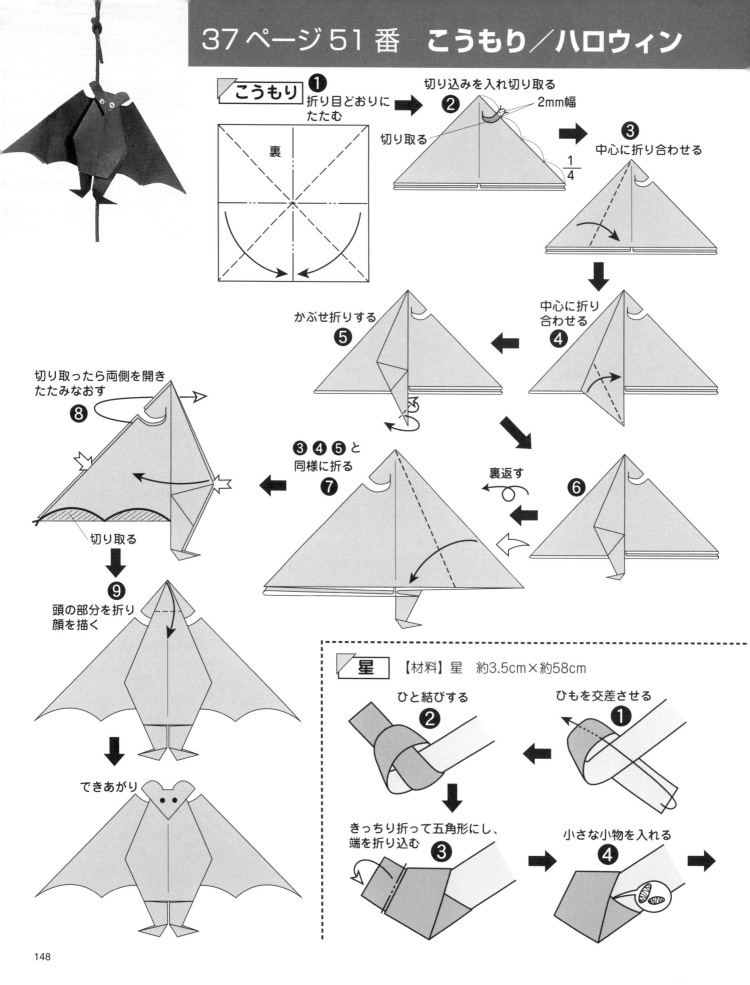

【帽子とトンボの材料】
- ●帽子　　ペットボトルのふた　　8個
　　　　　ヘンプ（麻ひも）　約250cm　8本（色はお好みで）
　　　　　台紙　直径6cm　8枚（厚紙）
　　　　　裏　　直径6cm　8枚（和紙：こうぞ　もみ）
　　　　　※色はヘンプ（麻ひも）に合わせる
- ●輪　　　直径20cm（ブルー）、15mm幅荷造りテープ150cmと和紙
- ●つるしひも　約200cm×2本（水色　細口）
- ●トンボ　15cm×15cm　12枚（メッシュおりがみ）※色はお好みで

作り方92～93ページ

39ページ 53番 帽子とトンボ

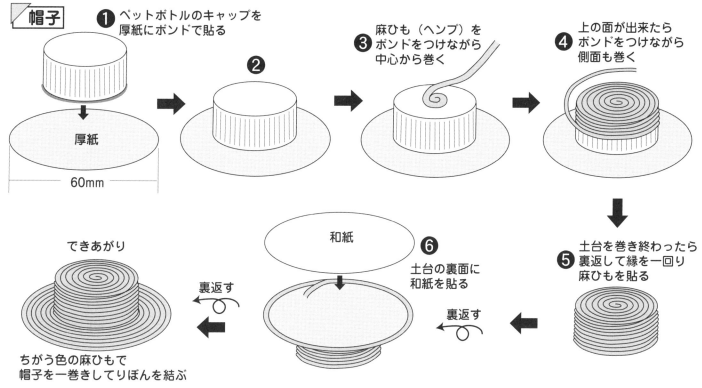

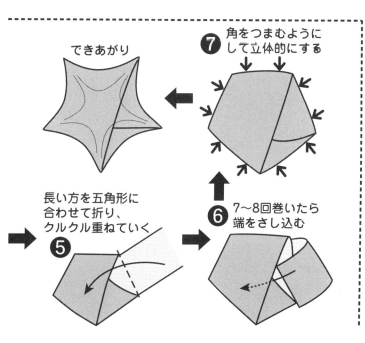

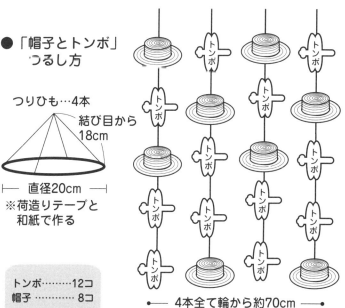

松竹梅 38ページ52番

【材料】
- 松　8cm×16cm　　　　1枚　緑（板締め染め和紙）
- 竹　7.5cm×7.5cm　　　1枚　黄緑（板締め染め和紙）
- 梅　6cm×6cm　　　　　2枚　赤　砂子（強制紙）
- すごもり鶴　13cm×13cm　1枚（白　砂子和紙）
- 　　　　　5cm×5cm（対角に半分）　1枚（黒　こうぞ）
- 　　　　　1cm×1cm　　　1枚（赤　こうぞ）
- つるしひも　約50cm×1本（赤　細口）
- 房　1本（赤）

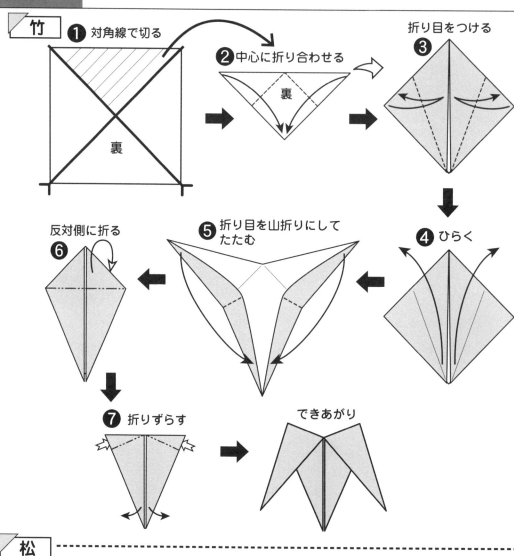

竹
① 対角線で切る
② 中心に折り合わせる
③ 折り目をつける
④ ひらく
⑤ 折り目を山折りにしてたたむ
⑥ 反対側に折る
⑦ 折りずらす
できあがり

梅
梅の作り方＝45ページ

2枚作り、ワイヤーをはさんでのりづけ、花芯に黄色い紙をきざんで貼る

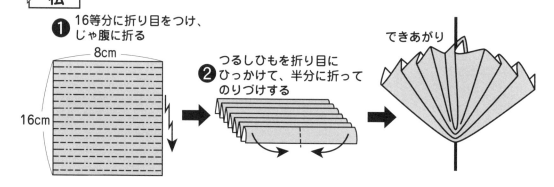

松
① 16等分に折り目をつけ、じゃ腹に折る
② つるしひもを折り目にひっかけて、半分に折ってのりづけする
できあがり

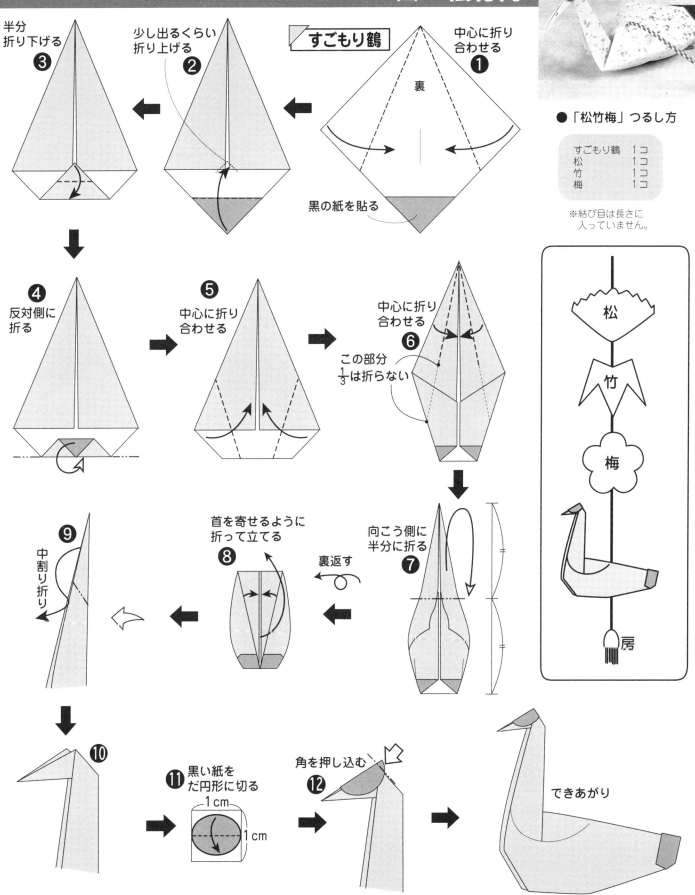

四季の折り紙―季節の移り変わりを楽しむ折り紙

2019年3月20日　初版発行

編集人　佐々木　曜
発行人　内藤　朗
印　刷　凸版印刷株式会社
発行所　株式会社ブティック社
TEL：03-3234-2001
〒102-8620　東京都千代田区平河町1-8-3
https://www.boutique-sha.co.jp
編集部直通　TEL：03-3234-2071　販売部直通　TEL：03-3234-2081

PRINTED IN JAPAN　　ISBN：978-4-8347-9005-4

●著者紹介●
麻生玲子（あそうれいこ）

東京在住。
幼稚園教諭時代から、父親から習った折り紙に興味を持ち、独自に研究を重ねる。父の志を継ぎ、暮らしの中に活かされる「美しくやさしい折り紙」をモットーとした折り方を提唱。教室「向日葵」を主宰。地域のシルバーセンター、児童館などの講師も勤める。

著者よりひと言

日本にはすばらしい四季があります。春の桜、夏のすいれんなど、季節の移り変わりを花が教えてくれます。そして、この四季には、いろいろな行事も行われます。お正月、桃の節句などの四季折々の行事と花を折り紙で表現してみました。暮らしを彩る折り紙として、お部屋に飾ったり、贈り物にしたりと、折り紙の楽しさを感じていただければ幸いです。

●協力店●
京都　楽紙館（上村紙株式会社）
☎075-251-0078
〒604-8183
京都市中京区三条高倉京都博物館1F

タカギ繊維 株式会社
☎075-441-4181
〒602-8251
京都市上京区榎町374-2

【著作権について】
©株式会社ブティック社　本誌掲載の写真・イラスト・カット・記事・キット等の転載・複写(コピー・スキャン他)・インターネットでの使用を禁じます。また、個人的に楽しむ場合を除き、記事の複製や作品を営利目的で販売することは著作権法でを禁じられています。万一乱丁・落丁がありましたらお取り替えいたします。

必ず見つかる、すてきな手づくりの本

ブティック社ホームページ
https://www.boutique-sha.co.jp
本選びの参考にホームページをご覧ください

●スタッフ●
作品制作＝麻生玲子
撮　　影＝岡田泰明
デザイン＝アド・バルーン
編　　集＝岡田郁子
企　　画＝アド・バルーン
編集統括＝浜口健太

【SHARE ON SNS!】
この本に掲載されている作品を作ったら、自由に写真をInstagram、Face book、TwitterなどSNSにアップして下さい！
読者の皆様が作ってみた、身につけた、プレゼントしたものなど…楽しいハンドメイドを、みんなでシェアしましょう！
ハッシュタグをつけて、好きなユーザーと繋がりましょう！

ブティック社公式 facebook　boutique.official　「ブティック社」で検索してください。いいね！をお願いします。
ブティック社公式 Instagram　btq_official　ハッシュタグ　#ブティック社　#折り紙　#ハンドメイド　など
ブティック社公式 twitter　Boutique_sha　役立つ新刊情報などを随時ツイート。お気軽にフォローしてください！

この本は既刊のレディブティックシリーズno.2870に新規内容を加え、書籍として再編集したものです。